입 다물고 들어라!

SHUT UP AND LISTEN!

Shut Up & Listen

입 다물고 들어라!

시오 시어벌드 · 캐리 쿠퍼 지음 | 안진환 옮김

소담출판사

입 다물고 들어라!

펴 낸 날 | 2007년 9월 20일 초판 1쇄

지 은 이 | 시오 시어벌드 · 캐리 쿠퍼
옮 긴 이 | 안진환
펴 낸 이 | 이태권
펴 낸 곳 | 소담출판사
　　　　　서울시 성북구 성북동 178-2 (우)136-020
　　　　　전화 | 745-8566~7 팩스 | 747-3238
　　　　　e-mail | sodam@dreamsodam.co.kr
　　　　　등록번호 | 제2-42호(1979년 11월 14일)
　　　　　홈페이지 | www.dreamsodam.co.kr

ISBN 978-89-7381-914-0 03320

"말이란 주머니 속의 잔돈과 같다.
중요한 것은 동전의 개수가 아니라 액수이다."

차례

SHUT
UP
AND
LISTEN!

SHUT
UP
AND
LISTEN!

머리말

아이디어를 논리정연하게 표현하고, 자원을 집결하고, 공동의 목표를 성취하는 당신의 능력에 사람들이 그 어느 때보다 절실히 의존한다면, 당신에게는 더 나은 커뮤니케이션 능력이 반드시 필요하다.

이 책은 경영과 학술 및 그 외의 분야에서 커뮤니케이션 기술의 달인이 된 스무 명 이상의 인물들로부터 수집한 지혜와 경험을 망라하고 있다. 우리는 이들에게 자문을 얻어, 우리가 개진하는 이론들이 실제적으로 효용성을 얻을 수 있도록 하였다. 우리는 이 책에 실제 사람들이, 실제 상황에서, 실제로 커뮤니케이션을 수행하는 모습을 담고 싶었다.

우리는 이 책의 저자에 걸맞은 아주 다양한 경험들을 보유하고 있다. 조직 심리학 교수인 캐리 쿠퍼(Cary Cooper)는 사람들에게 어떤 행동을 일으키는 유인(誘因)과 그와 반대로 작용하는 스트레스 사례를 연구 · 조사하는 일을 해왔다. 시오 시어벌드(Theo Theobald)는 전직 광고 카피라이터이자 BBC의 전임 고위 경영진으로서, 커뮤니케이션 기술과 관련하여 사람들이 가진 문제를 해결하는 일을 해왔다.

책을 위해 조사를 하고 집필을 하는 과정에서 우리는 커뮤니케이션의 핵심 양상과 관련하여 몇 가지 놀라운 사실을 발견했다. 또 이 과정에서 아주 흥미로운 역설이 드러나기도 했다. 기술의 영향으로 인해 커뮤니케이션 채널이 알아볼 수 없을 정도로 변화했음에도 불구하고, 핵심 원리들에는 아직도 놀라운 단순함이 존재하며, 그것은 여러 세대가 지나는 동안에도 전혀 변하지 않고 있다는 사실이다.

우리는 모든 실용적인 이슈를 다루면서 현실 상황이 어떠한지 객관적으로 파악하려고 노력했다. 예를 들어 '이메일이 가지는 중요성은 무엇인가?', '문자 메시지는 어떤 위험을 안고 있는가?' 하는 문제를 제기했던 것이다. 심지어는 '상대방이 철자, 문법, 통신 약어 사용 등에 대해 어떤 기대를 가지는가?' 에 대해 생각해보기도 했다.

결론적으로 말하면, 우리는 탁월한 커뮤니케이션이 그렇게 어렵지 않다고 생각한다. 그럼에도 잘못된 커뮤니케이션 방식을 가진 사람들이 아직 너무나 많은 것 같다. 이 책에 그런 사람들의 이야기도 몇 가지 실었으니 즐거움과 함께 깨달음을 얻길 바란다.

무엇보다도 여러분이 이 책을 즐겁게 읽길 바라며, 보다 효율적인 커뮤니케이션을 통해 많은 것을 얻었으면 한다.

『입 다물고 들어라!』…에 관한 진실

> "기업의 구성원이 일곱 명을 넘으면 커뮤니케이션 라인이 늘어나고 메시
> 지에 혼동이 오기 마련입니다."
> 마이클 브로드벤트(Michael Broadbent) ― HSBC 홍보부 이사

자신에 대해 더 많이 '알고', 커뮤니케이션의 방법과 내용을 '생각하고', 상황과 환경의 변화에 맞추어 '행동할' 때 우리는 훨씬 더 훌륭한 커뮤니케이터가 된다. 다름 아닌 이러한 내용이 이 책의 근간을 이루는 원리들이다.

이 책은 크게 세 부분으로 나뉘며, 처음에 나오는 간단한 자기 인식 과정은 당신이 어떤 유형의 커뮤니케이터, 어떤 유형의 사람인가에 관해 보다 많은 것을 알 수 있도록 해준다. 당신과 의사소통을 할 다양한 '청자'가 당신을 어떻게 바라볼지 이해하고자 한다면, 이는 아주 중요한 과정이다.

이 책의 본론인 '커뮤니케이션, 그 방법을 말하다'는 '커뮤니케이션의 실제'에 관한 것이다.

많은 경영서가 전략에 대해서는 많은 이야기를 하면서도, 정작 전술면에서는 많은 아쉬움을 남긴다. 자신이 속해 있는 조직의 계획이라면 우리보다 여러분이 더 잘 알고 있으리라 생각한다. 따라서 우리가 이 책에서 시도하는 바는 그러한 계획을 실행에 옮길 최선의 방법에 대해 조언을 하는 것이다.

'커뮤니케이션, 그 방법을 말하다'는 다섯 부분으로 나뉘어져 있으며, 읽기, 쓰기, 듣기, 말하기, 느끼기 영역을 살펴본다. 이 부분에서는 상사에게 회사 차량을 지원해 달라고 설득하는 방법부터, 공식 발표 자리에서 파워포인트를 최대한 활용하는 방법에 이르기까지 모든 것에 대한 조언을 얻을 수 있다.

우리는 이 책을 위해 조언을 해준 전문가들에게 감사를 표한다. 그들은 아무런 대가도 없이 시간을 내주고, 그들의 소중한 경험을 나누어 주었다. 우리는 이들로부터 실제적인 내용들을 많이 얻었으며, 거기에 비즈니스와 교육 분야에서 경력을 쌓으면서 우리가 직접 수집한 연구 사례들과 이야기들을 첨가했다.

조언 내용은 모두 훌륭하다. 그런데 실행에 옮기려면 어떻게 해야 하는 것일까? 멀리서 찾을 필요 없이 이 책 후반부인 3부를 살펴보라. 여기에 실려 있는 계획 수립 지침을 보면 탄성을 지르게 될 것이다. 너무나 쉽고 간단하기 때문이다.

본문의 구성요소들

이상이 기본적인 구성에 대한 설명이다. 하지만 이 외에도 여러 가지 요소들이 본문에 자주 등장한다. 그 내용을 간략히 설명하면 다음과 같다.

가라사대

우리는 효과적인 커뮤니케이션의 구성요소들에 대한 광범위한 정보와 의견을 얻기 위해 총 스물한 번의 심층 인터뷰를 진행하였다. 여러분은 이 책 전반에 걸쳐 그 인터뷰에서 나온 이야기들을 접할 수 있으며, 그 내용들은 우리의 주장을 뒷받침해줄 것이다.

최고의 비즈니스 리더와 학계 인사들 외에도 우리는 의료계나 정계와 같은 분야에서의 커뮤니케이션을 살펴보고, 그런 분야의 어려움은 어느 정도인지, 또 거기서 우리의 직장에 적용할 수 있는 것은 무엇인지 알아보았다.

전문가 발언대

'가라사대'라는 소제목 아래 소개된 짧은 인용문과 함께, 보다 완전하게 전개되는 독립적인 이야기들이 등장한다. 여러분은 본문 중에 따로 마련된 부분에서 이 내용을 접할 수 있으며, 책 전반에 배치되어 있다.

실전과제

새로운 무언가를 시도하다 보면 특정 주제에 대해 자신이 가지고 있는 생각을 곱씹어보는 훌륭한 기회가 생길 수 있다. 이 부분에서 당신은 커뮤니케이션 능력을 향상시키기 위해 할 수 있는 일들에 대한 여러 가지 실용적인 제안들을 접할 수 있다. 몇 번의 시도를 하는가는 여러분에게 달린 문제다. 다만 새로운 경험을 창조하는 일을 두려워하지 말기 바란다.

굿 스토리

때로 우리는 우리가 경험하는 비즈니스 상황을 완벽하게 그려내는 이야기를 듣곤 한다. 그중에는 실화도 있고, 우리가 직면하고 있는 문제점을 중심으로 꾸며낸 것들도 있다. 이 책에는 두 종류의 이야기가 모두 담겨 있다. 우리는 여러분이 이 이야기들을 전부 믿을 거라고 기대하지는 않는다. 다만 이 이야기들을 통해 즐거움을 얻고 거기서 제시하는 중요한 핵심을 파악하기 바란다.

엘리베이터 테스트

이것은 일류 컨설턴트들이 고객들과 일할 때 사용하는 기법이다. 그들은 엘리베이터에서 우연히 CEO를 만나 단 몇 층을 지나는 사이 업무 진척 상황을 요약하는 상황을 설정함으로써, 언제라도 진척 상황에 대해 간략하게 보고할 수 있는 준비를 갖춘다. 우리는 각 장에 담긴 내용을 요약하기 위해 장마다 마지막 부분에 이와 유사한 테스트를 넣었다.

이제 시작할 준비가 되었는가. 시작하기에 앞서 우리가 이 책을 집필하면서 깨닫게 된 것을 여러분과 공유하고 싶다. 우리가 깨닫게 된 내용이란 다름 아닌 정직함에 관한, 그리고 누가, 언제, 왜 거짓말을 하게 되는가에 관한 진실이다. 또 우리는 '카리스마' 라는 단어가 얼마나 남용되고 있으며, 그것을 정의하기가 얼마나 어려운 것인지, 그리고 탁월한 커뮤니케이터가 가진 진정한 특징은 무엇인지도 알게 되었다. 그리고 스토리텔링이라는 신기한 재능을 포함하여 (우리가 성인이 된 이후) 커뮤니케이션과 관련해 잊게 된 중요한 사항들도 깨닫게 되었다. 뿐만 아니라 커뮤니케이션에 따르는 몇 가지 어려움에 관한 나쁜 소식들도 접했다. 이러한 내용들이 바로 우리가 얻게 된 뜻밖의 깨달음이다.

1부

통찰력

이 책을 쓰면서 우리가 알게 된 것, 그리고 당신 자신에 대해 알게 될 것

1장

뜻밖의 깨달음

진실…에 관한 진실

우리가 이 작업을 시작할 때부터 진실은 정말 중요한 부분이었다. 어릴 때부터 부모님으로부터 진실이 옳은 것이라고 배우며 자란 이유도 있겠지만, 사람들 모두가 이제까지 무수한 조직들에 만연해 있던 겉치레 언어에 점점 지쳐가고 있기 때문이기도 하다.

홀륭한 비즈니스는 신뢰에 기반하는 바, 진실이 없다면 무슨 소용이 있겠는가? 그래서 우리는 진실이 무엇인지 그 본질을 밝히기 위한 작업부터 시작했다. 하지만 그 작업이 언제나 수월했던 건 아니다.

우리가 이야기를 나눴던 사람들 중에 사업이나 개인적 삶의 성공 방편으로 거짓말을 옹호한 사람은 단 한 사람도 없었다.

홍미로웠던 것은 진실을 구성하는 것은 무엇인가에 대한 관점 차이였다. 진실을 구성하는 것이 무엇인지 명확히 정의하는 것은 때로 당신이 생각하는 것보다 더 복잡할 수 있다.

이제부터 당신에게 균형 잡힌 의견을 제시해줄 여러 조언자들의 관점을 소개할 테니, 한번 자신의 견해와 비교해보기 바란다. 우선은 경영 분야가 아닌 의학 분야부터 시작해보자. 버밍엄 어린이 센터(Birmingham Community Children's Centre)의 소아과 상담 전문의인 더그 심키스(Doug Simkiss)의 이야기다.

> 저는 진단을 내릴 때 종양이나 혹과 같은 말을 사용하지 않습니다. 암이면 암이고, 뇌성마비면 뇌성마비지요. 저는 의학 용어를 그대로 사용합니다. 의학 용어를 피하려다 보면, 환자나 보호자들이 진단을 받은 후에 아무런 정보도 찾을 수가 없습니다. 그리고 제가 적절한 의학 용어를 사용하지 않는다 해도, 언젠가는 누군가가 그 용어를 사용하게 되지요.
>
> '있는 그대로의' 진실, 다시 말해 어떤 병의 의학적 결과는 아무리 진단이라고 해도 허튼소리가 될 수밖에 없습니다. 왜냐면 아이들은 모두 다르거든요. 어떤 아이에 대해 똑같은 용어, 예를 들어 뇌성마비 같은 동일한 용어를 쓸 수는 있어도 그 결과는 아주 다양할 수 있다는 것이지요.
>
> 따라서 저는 알고 있는 한, 진실을 말해야 한다고 생각합니다. 다만 시간이 지나면서 의학적 결과가 더욱 분명해지면 진실이 의미하는 바를 재조정할 필요가 있겠지요.

주지하다시피, 진실을 말하는 것은 아주 중요한 일이다. 하지만 아무리 좋은 의도를 가지고 있다 해도 있는 그대로의 진실을 설명하기란 불가능할지도 모른다. 경우에 따라서는 있는 그대로의 진실이란 것이 상업적으로 민감한 사안이거나, 무미건조할 수가 있다. 또 정리해고처럼, 사람들이 아예 진실을 외면해버리고 싶어 하는 상황을 만나게 될 수도 있다.

그리고 진실이란 어디에서 바라보는가에 따라 달라질 수 있다. 이는 당사자들 사이에 타협의 여지가 없는 것처럼 보일 때 특히 그렇다.

가라사대

존 에이커스(John Akers) ― 전국 가정 중재 서비스(National Family Mediation Service: 버밍엄 소재)의 매니저 겸 릴레이트(Relate) 사 카운슬러(결혼 상담)

버밍엄에 있는 저희 사무실에서 내다보면 송신탑이 보입니다. 저는 사람들에게 이렇게 말하곤 했죠. 지금 이 사무실에서 보면 탑의 모양이 어떻다고 정확히 말할 수 있지만, 버밍엄의 다른 지역에서 보면 또 다르게 보일 거라고요. 다양한 위성 수신 안테나들도 눈에 들어오기 때문이죠. 하지만 그것은 여전히 똑같은 송신탑입니다.

당신이 지금 처해 있는 상황을 어떻게 받아들일 것인가 하는 문제도 똑같은 맥락에서 생각할 수 있습니다. 지금은 한 곳에서만 바라보고 있기 때문에, 현재 상황에 대한 인식이 달라질 수 있다는 것이지요. 현재 우리가 문제를 겪고 있는 것은 분명하지만, 진정한 사실들을 발견하기란 훨씬 더 어렵습니다. 사실이란 것은 어디에서 바라보느냐에 따라 달라지는 것이기 때문이지요.

진실은 바라보는 각도에 따라 그 일부가 정의된다고 할 수 있다. 다음에 소개할 조언자는 이에서 한발 더 나아가 진실은 맥락, 다시 말해 진실이 놓인 시간과 장소에 따라 달라진다고 믿는다.

배경 설명

1980년대 영국의 정계는 마거릿 대처가 이끄는 보수당이 장악하고 있었다. 이러한 분위기를 반대했던 리버풀의 유권자들은 데렉 해턴(Derek Hatton)을 의회의 부의장으로 선출하였다.

해턴은 노동당 소속이었을 뿐만 아니라, 당내에서 좌익 투쟁파(Militant faction)에 소속되어 있었다. 이 때문에 그는 결국 여당인 보수당뿐 아니라 자신이 속한 노동당 내에서도 논쟁을 불러일으키는 인물이 되었다.

 가라사대

데렉 해턴 — 방송인, 전 노동당 정치인

사람들은 종종 저에게 이렇게 묻곤 합니다. 다시 한 번 기회가 주어진다면 그때와 똑같이 처신할 거냐고요. 그때마다 저는 이렇게 대답하죠. 만일 우리가 권력을 잡을 수 있었던 1983년 5월 4일로 돌아간다면, 전 그때와 한 치도 다르게 행동하지 않을 거라고요. 하지만 그 시간이 만일 2003년 5월 4일이라면 그와는 전혀 다르게 행동했을 겁니다.

중요한 것은 진실 그 자체가 아니라 그 당시에 적절한 것이 무엇인가 하는 것입니다. 당시에는 열정이 필요했고, 상황이 어떻게 전개되는지 이해할 필요가 있었습니다. 그리고 지지를 얻을 필요가 있었으며, 그러한 지지를 이끌어내고 결집할 방법을 알아야 했습니다. 또 내가 한 말에 절대적으로 헌신해야 했지요. 그것은 진실이냐 아니냐의 문제가 아닙니다. 원한다면 진실을 내걸고도 승부를 벌일 수 있겠죠. 하지만 정말 중요한 것은 맥락입니다.

만일 당신이 진실과 정직을 내세우는 기업에 몸담고 있다면, 외부 세계로 나가는 번지르르한 홍보용 소책자에서만 진실과 정직을 전달하려고 해서는 안 된다. 반드시 조직 전체에 그 내용이 전달될 수 있도록 해야 한다. 최근 '종업원 브랜드(employee brand)'에 대한 관심이 높아지고 있다. '종업원 브랜드'란 직원들의 눈에 비친 회사의 모습을 말한다. '직원들이 있는 아래층'에서 일어나는 일들이 고객이 기업에 대해 가지고 있는 관점과 일치해야 한다는 것이 전문가 대부분의 공통된 의견이다.

🎤 가라사대

린 루터(Lynn Rutter) — 옥스팜(Oxfam) 사 소속 변화 관리 매니저 및 글로벌 HR 프로젝트 담당자

수많은 기업들이 정직함의 필요성을 이해하지 못하고 있습니다. 막대한 시간과 돈을 광고 스타일이나 브랜드 이미지에 쏟아 부으면서 외부 홍보에 주력하고 있지만 정작 입사 첫날 직원들은 '잠깐만, 이건 내가 생각했던 그런 게 아니잖아. 내가 입사한 그 회사는 어디로 간 거지?'라고 생각하게 되죠.

최근 몇 년 동안, 많은 대기업들이 기업의 종업원 브랜드를 고찰해봄으로써 이와 같은 이슈에 대해 논의를 시작하려는 움직임을 보이고 있다. 이 말은 곧 회사에 소속된 인력은 기업의 가치에 관해 나름의 견해를 가지고 있다는 것이며, 이러한 종업원 브랜드를 소비자 브랜드와 일치시킬 필요성을 지적하는 증거들이 점점 증가하고 있다. 따라서 고객들이 당신을 훌륭한 윤리적 가치를 지향하는 사람으로 보고 있다면, 당신은 그와 일관된 방식으로 직원들을 대우해야 하는 것이다.

　그렇다면 이제 우리는 진실에 대해 어떤 결론을 내릴 수 있을 것인가? 앞에서 우리는 진실이 개인적 상황에 따라 달라진다고 하는 의사의 말도 들어보았고, 관점에 따라 견해가 달라진다고 믿는 카운슬러의 의견도 접한 바 있다. 여기에 시기와 맥락이 가장 중요하다는 전직 정치인의 주장과 일관성이 핵심이라고 생

각하는 비즈니스 리더의 의견도 보충해서 들어보았다. 여기에서 핵심적인 교훈은 어떻게 바라보든 진실이 그 무엇보다 중요하다는 것이다.

균형을 잡아라

커뮤니케이션을 효율적으로 이끌어 가는 데 있어 핵심 요소는 정직함이다. 그러나 기회가 날 때마다 당신의 견해를 있는 그대로 피력하는 게 무조건 좋은 건 아니다.

보석 업계의 거물 제럴드 래트너(Gerald Ratner)의 경우가 이런 방식으로 실언을 한 유명한 실례이다. 그의 보석 가게는 한때 영국 번화가의 명물일 정도였다. 그러던 래트너는 1991년 지도자 협회(Institute of Director)의 연설에서 농담조로 자사의 제품 중 하나가 '완전 쓰레기'에 지나지 않는다고 발언했다. 거기다가 자사에서 만드는 귀걸이는 '새우 샌드위치보다 싸다.'고 떠벌리기까지 했다.

언론 매체는 즉각 이런 발언 내용을 보도하였고, 회사의 가치는 5억 파운드가량 떨어지고 말았다.

 가라사대

키스 해리스(Keith Harris) ― 시모어 피어스 그룹(Seymour Pierce Group) 회장이자 축구 협회 전임 회장

사업상의 손실 따위가 문제가 아닙니다. 정말로 중요한 것은 그 가게에서 누군가를 위해 자신의 진심을 담은 선물을 사려고 했던 사람들입니다. 진짜 손실은 바로 거기에서 일어나는 것이고, 이것은 정말 끔찍한 손실이 아닐 수 없죠.

카리스마…에 관한 진실

"모든 것이 타고난 인성에 달린 것은 아닙니다. 인성이란 것은 변하지 않는 것인 반면, 커뮤니케이션 기술은 향상시킬 수 있는 것이니까요."
크리스 브루스터(Chris Brewster) — 런던 사우스 뱅크 대학(South Bank University) 국제 인적 자원 경영학과 교수

뛰어난 커뮤니케이터라면 분명 '카리스마' 라는 신비한 자질을 가지고 있을 거란 생각은 정말 무시무시한 생각이다. 그들에게는 그러한 자질이 있는데 우리에게는 없다는 것은 결국 우리가 어떤 수를 써도 탁월한 능력을 가질 수 없다는 뜻이 아닌가? 커뮤니케이션을 둘러싸고 있는 그 신화들을 깨뜨리자는 취지에서 우리는 이 질문을 속속들이 파헤쳐보기로 했다.

커뮤니케이션 기술 분야에서 권위를 인정받고 있는 여러 인물들이 이를 위해 구원의 손길을 내밀어주었다. 우선 대학 교수의 이야기부터 들어보자.

가라사대
크리스 브루스터 — 교수

저는 개인적으로 '카리스마' 와 같은 단어에는 미심쩍은 부분이 많다고 생각합니다. 그 이유는 무엇보다도 제가 그 단어의 의미를 알지 못하기 때문입니다.

두 번째 이유는, 어떤 사람을 보고 당신은 그 사람이 훌륭한 카리스마를 지녔다고 말할 수 있는 반면, 저는 그 사람을 보고 따분하다고 말할 수 있기 때문입니다. 이렇게 판단에 대해 확신할 수 없다는 것은 곧 그 개념 자체에 결함이 있다는 뜻이라고 생각합니다.

그렇다고 해서 제가 '공감대 형성' 이나, 청자가 어떤 사람인가에 관한 이해와 같은 다른 특징들의 중요성을 간과하는 것은 아닙니다.

크리스 브루스터의 의견을 보충해줄 수 있는 또 다른 견해를 들어보기 위해 잠시 학술 분야로 들어가보자. 데이비드 클러터벅(David Clutterbuck)은 셰필드 할람 대학(Sheffield Hallam University)의 방문 교수이다.

전문가 발언대
데이비드 클러터벅 — 교수

카리스마와 관련하여 저는 이 단어의 원래 의미가 '관심을 가지다(caring)' 라고 들었습니다. 제가 보기에는 자신이 관심을 가지고 있는 것이 무엇인지 전하는 능력이야말로 정말 중요한 것 같습니다. 열정을 비롯하여 그와 비슷한 종류의 모든 단어가 이 능력과 통하는 것도 바로 그 때문일 겁니다.

사람들은 '이 사람은 지금 자기가 무슨 말을 하는지 알고 있나? 이 주제에 관심이 있나?' 하는 생각을 합니다. 만일 당신이 자신이 무슨 이야기를 하는지 알고, 그 주제에 관심이 있다면 사람들의 주의를 집중시킬 수 있을 것입니다. 한편, 이 둘 중 하나라도 빠진다면 그러지 못하겠죠.

저는 소위 카리스마라고 하는 것이 바로 이 두 가지에 의해 작동한다고 생각합니다. 개중에는 아주 뛰어난 연기력을 가진 사람들이 있습니다만, 대부분의 경우 커뮤니케이션을 잘하는 사람은 바로 '관심을 가지고 있는 사람'입니다. 겉으로 나타나는 열정은 단지 그들 내부의 관심사가 밖으로 표출된 것에 지나지 않지요.

우리는 몇몇 연구를 통해 많은 기업들이 커뮤니케이션 기술과 관련하여 사람들을 평가하는 방식에 관심이 있다는 사실을 알게 되었습니다.

커뮤니케이션 기술은 사람들을 평가하는 방식에 대한 의견 일치가 이루어지기 어려운 분야이기 때문에, 우리는 버크벡 대학(Birkbeck College)과 함께 몇 개의 포커스 그룹을 선정하여 연구를 진행하였고, 그 결과 훌륭한 언어 커뮤니케이션 기술이 단순히 인성과만 연관된다는 가정이 터무니없다는 것을 알게 되었습니다. 물론 부분적으로는 인성과 연관성이 있겠지만, 다른 많은 요인들이 함께 작용하고 있는 것이지요.

'맥락의 인식'은 '커뮤니케이션의 속도'만큼 근본적인 요인입니다. 예를 들어, 핀란드 인과 콜롬비아 인이 서로 대화를 나눈다고 생각해보십시오. 그들은 곧 싸우게 될 것입니다. 한쪽은 말이 아주 느린 반면, 다른 한쪽은 아주 빠른 속도로 말하기 때문입니다.

따라서 훌륭한 커뮤니케이터가 갖춰야 할 아주 중요한 자질은 다름 아닌 대화를 나누는 상대방에게 맞춰주는 능력입니다. 어떤 내용을 전달하든, 듣는 사람의 수용 능력에 맞추어 내용을 구성해야 하는 것이지요.

카리스마가 마치 성배라도 되는 양 찾아 헤매지 않아도 된다. 또 카리스마가 있다고 소문 난 사람들을 열심히 흉내 내려고 할 필요도 없다. 시간을 두고 우리가 처한 저마다의 상황과 지위에 따라 계발해나갈 수 있는 카리스마의 여러 요소들이 있기 때문이다.

가라사대
데렉 해턴 — 방송인, 전직 정치인

데이비드 베컴은 상상을 초월하는 카리스마를 과시하며 전 세계 텔레비전에 모습을 드러냅니다. 그는 서민 출신이며, 특출하게 머리가 좋은 것도 아닙니다. 특별할 것이 전혀 없는 사람인데, 사람들이 그렇게 몰아가는 바람에 어느 날 갑자기 그렇게 카리스마가 철철 흘러넘치게 되었습니다. 따라서 저는 카리스마가 반드시 자신이 이미 가지고 있던 것에서 나온다고 생각하지 않습니다. 때로 카리스마는 다른 사람이 줄 수도 있다는 말입니다.

물론, 카리스마를 타고난 사람들도 있습니다. 노력하지 않아도 자연스럽게 카리스마를 가지게 되는 사람들이지요. 그런 사람들은 하는 일마다 자신감과 열정을 발산합니다. 하지만 저는 그것이 카리스마의 전부라고 믿지 않습니다. 카리스마는 아주 다양한 모습으로 존재하며, 당신은 그것을 직접 손에 넣을 수도 있지만 때로는 다른 사람이 당신의 손에 쥐어줄 수도 있습니다.

이 부분에서 우리는 일부러 카리스마의 개념을 가볍게 취급했다. 그렇게 취급한 이유는 카리스마가 그 정확한 개념 정의를 어렵게 만드는 일종의 성스러운 빛을 주위에 형성시키는 것처럼 보였기 때문이다.

우리가 카리스마를 제대로 정의하지 못한다면, 카리스마에 필적하는, 아니 한 발 더 나아가 우리가 이해하고 동경할 수 있는 일련의 단어를 제시하는 일도 훨씬 더 어려워질 것이다. 따라서 우리는 이어지는 1장의 다음 부분에서 카리스마를 제대로 정의해보려고 한다.

탁월한 커뮤니케이션 능력…에 관한 진실

지금까지 우리는 신화를 무너뜨리기에 충분한 의견들을 들어 보았다. 그런데 이제까지 알려진 카리스마의 모습이 카리스마의 전부가 아니라면, 분명 우리가 살펴볼 수 있는 더욱 실질적인 무언가가 있을 것이다. 그리고 그것은 훌륭한 커뮤니케이터가 될 인성의 근간을 형성하고 있는 것이 분명하다.

정말 중요하다고 생각되는 특징에는 다음과 같은 것들이 있다.

- 자기 인식
- 공감대 형성
- 위트
- 열정
- 재기(才氣)

자기 인식

이미 오래전부터 사람들은 IQ를 이용해 능력을 측정하는 것은 한 개인을 판단하기에 충분하지 못한 방법이라고 생각해왔다. 학교에서는 똑똑하다고 인정받았지만 자라서는 그다지 뚜렷한 두각을 나타내지 못했던 아이를 사람들은 누구든 한 사람쯤 알고 있을 것이다. 이와는 대조적으로 창의력이 있는(언뜻 보기엔 어딘가 모자라 보이는) 아이들은 훌륭한 디자이너로 성장하거나, 자폐증 어린이에게 다가갈 수 있는 재능을 타고나기도 한다.

다니엘 골먼(Daniel Goleman, 『감성 지능(Emotional Intelligence): 왜 감성 지능이 IQ보다 더 중요한가』의 저자)은 감성 지능(EQ) 측정 분야를 개척한 인물이다. 그 이후 수많은 사람들이 그의 이론을 따르게 되면서, 우리가 우리의 감정과 어떻게 '접촉'하는가가 우리의 능력을 발달시키는 일부가 된다는 이론이 강화되었다.

이 이론의 핵심은 우리가 자신을 들여다보는 능력과 세상이 우리를 어떻게 바라보는지를 이해하는 능력이다. 우리의 행동이나 감정은 우리와 교류하는 사람들에게 어떤 영향을 미치는가? 그들로부터 우리는 어떤 반응을 기대할 수 있는가? 뛰어난 커뮤니케이터라면 항상 이러한 의문을 염두에 둔다.

공감대 형성

이 내용은 앞으로 이 책에서 계속 등장하게 될 주된 주제이다. 공감대 형성이란 당신과 의사소통을 하는 청자의 눈으로 세상을 바라보는 능력을 말한다. 심지어 표면적으로 보기엔 둘 사이에 공통점이 전혀 없는 경우에도 말이다. 청자들이 보는 것을 볼 수 없다면 그들과의 소통은 절대 불가능할 것이다. 탁월한 커뮤니케이터라면 직관적으로 이 능력을 수행한다. 여기 한 가지 예를 들어보겠다.

52세의 찰스(Charles)는 거대 금융 기관의 사장이다. 찰스의 직원들은 대부분 여성이고, 연령은 18세부터 40세까지 다양하다. 가장 어린 여직원들의 경우 이제 막 학교를 졸업하여 말단 사원으로 처음 직장생활을 시작하는 사람들이다. 한편, 나이가 많은 여직원들 중에는 오랫동안 재직한 사람들이 있으며, 이들 중 상당수는 출산 휴가 후 직장으로 복귀했다.

겉으로 보기에는 이들 중 어느 그룹도 찰스와 공통점을 거의 가지고 있지 않다. 그런데 찰스는 어떻게 공감대를 형성할 수 있는 것일까?

> 저는 사람들의 이야기를 듣습니다. 여러 사람 이야기를 한번에 듣기보다는 '일대일'로, 가능한 자주 들으려고 합니다. 그리고 모든 사람이 이 사람과 같을 것이라고 결론짓지 않으려 노력합니다. 이런 '일대일' 듣기를 많이 하면 할수록, 앞으로의 경향을 감지하기가 쉬워집니다.
>
> 이때 우리는 단순한 직원이 아닌 그 사람의 전체를 봐야 합니다. 우리는 직원들에게 금리가 좀 더 낮은 주택 담보 대출을 지원하여 젊은 직원들이 출세의 첫발을 잘 내딛을 수 있도록 도와주고, 아이들이 있는 여성을 위해서는 육아 문제 고민을 덜어주기 위해 자유 근무 시간제를 도입하고 있지요. 바로 이런 문제들이 그들의 주요 관심사입니다. 우리가 이해해야 하는 것은 바로 이러한 문제들이죠.

공감대를 형성하고자 하는 그룹과 당신이 똑같아질 필요는 없다. 당신이 해야할 일은 '그들의' 관점이 무엇인지 알아내는 것이다.

위트

이 책에서 우리는 위트라는 단어의 의미를 최대한 넓게 해석하였다. 위트는 단순히 웃기는 것만이 아니다.(물론 웃기는 것은 성공적인 커뮤니케이션에서 큰 부분을 차지할 수도 있다.) 우리는 '그는 상당히 재치 있는 사람이다.' 혹은 '그녀는 아주 기민하다.' 등에서도 위트의 의미를 생각해볼 수 있다. 위트라는 것은 사물을 재미있으면서도 창의적으로 표현하는 능력, 민첩하고 현명하게 사고하여 훌륭한 결정을 내리는 능력을 의미한다.

사람들은 누구나 좀 더 위트가 있었으면 하고 바라는 순간이 있다. 하지만 유머가 '양날의 검'이란 것에는 이론의 여지가 없을 것이다. 잘 활용하면 당신의 메시지를 확실하게 전달하여 당신의 기민한 능력을 보여줄 수 있지만, 잘못 사용하면 평생 지워지지 않는 상처를 입게 된다.

열정

성실한 척할 수 있다면 이미 성실한 것이듯, 열정적인 척할 수 있다면 이미 열정적인 것이다. 사실 열정을 대신할 만한 것은 없다. 또 열정은 만들어낼 수 있는 것도 아니다. 열정의 원동력은 신념과 믿음으로, 우리 내부의 가장 깊은 곳에 자리 잡고 있다.

당신이 열정을 가질 수 있는 것이 무엇인지 생각해보라. 그리고 그것을 주제로 몇 분간 연설을 해야 한다고 상상해보라. 이때 당신은 어떤 모습일까? 당신은 어떤 모습으로 청자를 만날 것인가? 혹여 당신의 신념이 도전을 받는다면 뒤로 물러나 패배를 인정하겠는가? 아니면 열심히 당신의 입장을 지켜내겠는가?

이제부터 당신은 탁월한 커뮤니케이터들이 자신이 느끼는 열정으로 어떻게 청자의 영감을 불러일으키는지 볼 수 있을 것이다.

재기

앞에서 우리는 분명히 정의하기에 너무 어려운 말이라는 이유로 '카리스마'를 배제했다. 이에 그 대안으로 '재기(才氣)'라는 말을 제안한다. 여기서 어느 정도 타협점을 찾을 수 있을 것이다. 여기서 제시하려고 하는 모습은 단순한 것이다. 그들은 그러한 모습 때문에 남들과 달라 보이고, 우리는 그러한 모습 때문에 그들을 알고 싶다는 충동을 느낀다. 재기를 발하는 사람을 설명하라면 당신은 어떤 말들을 사용하겠는가? 아래에 제시된 단어들부터 시작해서 연상해보자.

- 활기
- 생동감
- 정통한
- 활발한
- 미소
- 열심인
- 경쾌한
- 에너지가 넘치는

재기가 넘치는 사람들은 우리보다 더 낫고, 더 행복하고, 더 충만한 삶을 사는 이들일지도 모른다. 하지만 그보다는 단지 자신이 말하는 바에 자신감을 갖는 방법을 개발한 것일 가능성이 높다. 이러한 자신감은 그들이 무언가를 말하고, 어떤 사물을 바라보고, 어떤 행동을 하는 방식에서 드러난다.

인성적 특징 일부는 유전되기도 할 것이다. 하지만 유전은 일부분일 뿐이다.

환경, 자라난 방식, 어린 시절의 경험 등이 현재의 우리를 형성하는 일부가 된다.

　이어지는 부분에서는 어린 시절 이후로 우리가 잊고 지냈을 수도 있는 것들을 살펴보고, 우리 삶을 훨씬 더 단순하게 만들어주었던 몇 가지에 대한 재학습을 시도해볼 것이다.

어린이…에 관한 진실

"어린이들은 직접적인 성향이 있습니다. 아이들은 돌려서 말하지 않죠.
'싫어요!' 라고 말하는 경우가 훨씬 많다는 것입니다."
존 에이커스 ― 전국 가정 중재 서비스의 매니저

어느 날 아침 문득 잠에서 깨어 '그래! 오늘부터 난 탁월한 커뮤니케이터가 되겠어.' 라고 생각하는 일은 없을 것이다. 혹여 그런 일이 있다 해도 그건 스스로를 속이는 것이다. 당신은 먼저 계획을 세우고 준비를 갖춰야 한다. 진정으로 탁월해지기 위해서는 반드시 시간을 투자해야 한다.

　사실 당신이 커뮤니케이션 기술을 배운 지는 이미 오래이다. 당신은 현재의 당신이 되기까지 이미 많은 것들을 습득했다. 하지만 안타깝게도 당신은 아주 많은 것을 잊어버렸다. 그중 일부는 정말로 유용한 것이었다. 당신이 재학습해야 할 필요가 있을지 모를 것들을 먼저 살펴보기로 하자.

저는 어린이들이 보다 직설적이고 개방적이며 솔직하다고 생각합니다. 나이가 들면서 우리는 간접적으로 말해야 한다는 규범에 따라 행동하게 될 가능성이 큽니다. 직설적 커뮤니케이션이 때로는 최상의 방법이라는 것을 상기시키는 것이 좋습니다. 되도록 솔직하고, 간결하게, 있는 그대로 말하는 것이죠. 발 구딩(Val Gooding) ― BUPA CEO

어른이 되면 우리는 다른 사람들의 감정에 좀 더 중점을 두게 되며, 우리가 일하고 있는 환경에 민감해지고, 받아들여질 수 있는 것과 없는 것의 세밀한 차이를 인식하게 된다. 그러나 이것은 때로 우리가 원하는 것을 얻는 데 방해가 될 수 있다. 비즈니스에서는 '벌거벗은 임금님' 증후군으로 이어질 수도 있다. 상관의 스타일이 공격적이고 독재적일 경우 특히 그렇다. 모든 사람이 무엇이 잘못되었는지 알면서 아무도 감히 그것을 문제 삼지 못하는 상황에 이르는 것이다. 동화에서처럼 자리에서 일어나 손가락질을 하며 "아무 것도 안 입었네!"라고 말하는 아이가 된다면 해방감을 맛볼 수 있을 것이다.

하지만 이 상황에 따라다니는 경고문에 유의해야 한다. 당신이 회사로부터 완전히 해방되는 경우가 종종 발생할 수도 있기 때문이다. 그러므로 신중하게 발걸음을 옮기고 적절한 시기를 택해야 할 것이다.

 가라사대

앨리스테어 스미스(Alistair Smith) — 얼라이트(Alite)의 창업자이자, 학교에서 이용하는 '가속 학습법' 분야의 선구적 전문가

훌륭한 커뮤니케이터들은 아이들이 자연스럽게 배워나가는 과정에서 보여주는 것과 유사한 행동을 많이 합니다. 영장류 또는 뇌 구조 연구에서는 특정한 자연스런 학습 방식을 지적합니다. '모방'과 비난받을 염려가 없는 '안전한 연습' 그리고 '탐험'이 여기에 해당합니다. 사람들은 그런 식으로 영역과 여러 가지 행동, 관계를 탐색하는 것이지요.

아이들이 가진 대단한 특징은 바로 '개방성'입니다. 개방성 때문에 아이들은 '예의를 잠시 접어두는' 행동을 하게 됩니다. 우리가 곤혹스런 질문을 상대방에게 던질 수 있는 때는 예의를 잠시 접어둔 상태일 뿐입니다.

청자 중에는 무조건 당신의 의견에 동조해주는 청자도 있습니다. 그러면 당신은 자신이 아주 효과적으로 커뮤니케이션을 수행하고 있다고 생각

하게 되겠지요. 하지만 그들은 당신과 헤어지고 나면 이전에 했던 방식으로 사고하고 행동할 것입니다. 청자들과의 관계를 창출하고 곤혹스러운 질문을 던졌을 때, 당신은 진정한 진전을 이룰 수 있습니다. 아이들은 이런 행동을 습관적으로 하지요. 그리고 그 효과는 매우 강력합니다.

'그래서요?' 는 아이들과 훌륭한 커뮤니케이터에게서 공통적으로 나타나는 질문 형식입니다. "잘 알겠어요. 그런데 그게 나랑 무슨 상관이 있어요? 왜 그 이야기를 들어야 내게 더 좋다는 거예요?"

커뮤니케이터가 이런 식의 '그래서요?' 라는 질문의 의미를 인식하는 것이 정말로 중요하다고 생각합니다. 이것은 훌륭한 의미 확인 수단이지요. 그 때문에 광고업계에서는 그저 사실만을 늘어놓는 것이 아닌, 이점을 설득시킬 수 있는 방법에 대해 끊임없이 생각하는 것입니다.

우리가 잊고 있던 사항들을 요약하면 다음과 같다.

- 직설이고 개방적일 것
- 간단명료할 것
- 곤혹스러운 질문을 던질 것
- '그래서요?' 라고 질문할 것
- 사실을 이점으로 만들 것

이제까지 우리는 어린 시절 행했던 '외부로의 커뮤니케이션' 을 집중적으로 살펴보면서, 상대방에게 우리의 생각을 알릴 때 고려해야 할 '내용' 과 '방법' 을 알아보았다. 이제부터는 내부로 들어오는 정보를 다루는 방법, 즉 우리의 학습 방식에 대해 살펴보기로 하자.

스토리텔링…에 관한 진실

> "보편적인 이야기가 최고의 이야기입니다. 뛰어난 스토리텔러는 이야기
> 에 자신이 전하고자 하는 메시지를 끼워 넣는 능력을 갖고 있습니다."
> 앨리스테어 스미스 — 얼라이트

비즈니스에서 스토리텔링의 중요성에 대한 인식이 점점 더 커지고 있다. 아니면 한동안 주목받지 못하다가 재발견의 과정을 거치고 있는 것인지도 모른다.

우리는 최근 몇 년 동안 커뮤니케이션 하면 으레 '정보전달 채널'(테크놀로지라고 해도 무방할 것이다)을 중심으로 논의를 전개시켰다. 최신 발명품, 전자 메모리 가격 하락폭, 휴대폰 사용자 수 증가, 텔레비전 채널 확대 등(열거하자면 끝이 없다)의 현상을 우리는 신기한 듯 바라보았다.

이런 환경에 있다 보니 우리는 삶의 보다 단순한 것들을 잊고 지냈을 수 있다. 그것들은 메시지가 서로에게 전달되는 방식과는 상관없이, 우리가 가르치고 배우는 데 있어 이제까지 막대한 영향을 미쳤고 앞으로도 그럴 것이다.

우리가 학습을 하는 데 있어 막대한 영향을 미치는 핵심 요소 중 하나가 바로 '스토리텔링'이다. 우리는 어린 시절, 세상의 이치와 사회적 역할을 깨우칠 때 스토리텔링을 주된 수단으로 이용하였다.

 전문가 발언대

앨리스테어 스미스 — 교육 전문가

모든 문화와 문명은 이야기를 통해 표현됩니다. 이야기는 삶을 살아가는 방식과 무엇이 우리 삶의 의미와 가치가 되어야 하는가를 은유적으로 알려주지요. 그리고 한 세대에서 다음 세대로 지혜를 전해주는 방법이기도 합니다.

수천 년 전에는 모닥불을 피워놓고 둘러앉아 이야기를 하는 정도였을 것입니다. 그 시대의 스토리텔러는 아마도 주의를 집중시키고, 인물들을 창조하고, 이야기 속에 교훈을 심어놓은 후 나중에 확실히 드러나게 하고, 이야기가 끝날 무렵에는 종결된 느낌을 주는 데 뛰어난 재주를 가진 사람이었을 겁니다. 미디어도 결국은 전자를 이용한 이야기에 지나지 않지요.

훌륭한 스토리텔링은 함께 일하는 사람들로 하여금 특정한 내용을 기억하도록 만드는 데 효과적으로 사용될 수 있다. 뿐만 아니라 적절한 이야기만 가지고 있다면 더욱 광범위한 청자를 대상으로 특정 이슈의 윤곽을 드러내는 것 또한 훨씬 효과적으로 해낼 수 있다. 그 이야기가 정말로 흥미롭다면 미디어에도 보도될 수 있을 것이다. 바로 이것이 홍보의 핵심이 아니고 무엇이겠는가?

다음에 소개되는 이야기는 이를 입증하는 실제 사례로, BBC의 사내 커뮤니케이션 최고 책임자인 러셀 그로스먼(Russell Grossman)의 말이다.

 ### 전문가 발언대
러셀 그로스먼 — BBC

저는 사람들이 개인적으로 연관성을 찾을 수 있는 특정 사례를 찾으려고 노력합니다. 예를 들면, 우리는 BBC에서 '윽박지르기'가 허용되지 않는다는 생각을 사람들에게 전하고 싶었습니다. 윽박지르는 것이 업무 일부가 되어버린 뉴스와 시사 문제 같은 분야는 특히 문제가 될 수 있지요. 그런 분야는 마감 시간 압력이 심하고 신경이 곤두선 사람들이 많거든요.

보도국에 들어가면 서로에게 고함을 치는 사람들을 쉽게 볼 수 있습니다. 고함으로 교육을 하는 것이죠. 그런데 시기가 적절하지 못하면 사람들은 그것을 언어 폭력으로 느낄 수도 있습니다. 바람직하지 않은 일이지요. 이런 모습은 비단 뉴스 제작 현장뿐 아니라 다른 프로그램 제작 과정에서도 나타납니다.

이런 생각을 전달할 때 우리가 사용한 방법은 윽박지르는 경향이 아주 심한 사람 이야기를 하는 것이었습니다. 그는 이런 행동이 아주 당연하다는 듯 핑계를 대는 사람이었죠. '내가 이렇게 사람들을 윽박지르게 된 건 소위 말하는 BAFTA(영국 아카데미 시상식 ― 옮긴이)의 쓰레기들 때문이야. BAFTA에서 상을 받았기에 영화 방송계에서는 뛰어나다고 인정받지만, 실제 업무 현장으로 돌아오면 완전히 짐승으로 돌변하는 인간들 말이야.'

이런 방법으로 우리가 윽박지르는 관행을 없앤 것은 『브로드캐스트 (Broadcast)』, 『런던 이브닝 스탠다드(London Evening Standard)』, 『타임스(Times)』에도 실렸습니다.

결국 요점은, 윽박지르는 것이 결코 좋지 못한 행동이라고만 말했다면 그만큼의 효과가 나지 않았을 것이라는 점이지요.

여기서 사용된 충격 전술은 이야기의 효과를 살린다. 거기다가 'BAFTA 쓰레기'라는 어구가 뇌리에 박혀 효과를 더한다. 이 어구로 우리는 재능은 있지만 까다로운 프리마돈나의 이미지를 바로 떠올릴 수 있다. 이렇게 하면 요점이 잘 전달될 뿐 아니라 오래도록 기억될 수 있다.

일간지에 소개될 정도는 아니더라도, 당신이 전하고자 하는 바를 더욱 오래 기억할 수 있도록 하고픈 경우가 이 외에도 얼마든지 있을 것이다. 이때 우리가 사용할 수 있는 요령은 당신이 전하고자 하는 내용과 연관이 있는 이야기를 만들어내는 것이다. 사람들의 머릿속에 생생하게 떠오를 수 있는 이야기로 말이다.

가라사대
린 루터 ― 옥스팜

사람들이 이해하지 못할 방식으로 발표를 하는 것은 아무 의미가 없습니다. 솔직히 말하면, 파워포인트가 아무리 화려해도 거기엔 한계가 있지요.

사람들을 집중하게 할 수 없다면, 그리고 사람들에게 이야기를 전달하지 못하면 우리는 아주 곤란해지게 됩니다. 그래서 저는 이야기를 전할 때 사람들이 어떤 연관성을 찾을 수 있도록 말하는 법을 배웠습니다. 그렇습니다. 제가 항상 노력하는 부분이지요.

반드시 업무에 관련된 이야기일 필요는 없어요. 그냥 '세상 살아가는 이야기'가 될 수도 있고, 스스로 좀 망가지는 이야깃거리가 몇 개 있어도 도움이 될 수 있습니다.

저는 사람들이 기억할 수 있는 재미있는 이야기들을 생각해내려고 노력합니다. 그러면 그러한 이야기 뒤에 숨어 있는 보다 중요한 내용도 기억하게 될 테니까요.

사실 린 루터는 탁월한 스토리텔러이다. 이 책의 후반부에 나오는 문화와 환경에 대한 그녀의 이야기(10장의 내용)에 기대를 걸어도 좋을 것이다.

 실전과제: 이야기를 수집하기 시작하라

훌륭한 이야기를 들으면 메모를 해두고 그 이야기의 어떤 점이 마음에 드는지 곰곰이 생각해보라. 그 이야기가 주는 '교훈'은 무엇이며, 다른 이들에게 그 교훈을 전해주고 싶은 상황에서 그것을 재적용할 수 있겠는지 생각해보라.

이야기는 그 이야기를 하는 사람에 관한 것일 때 가장 강력한 효과를 발휘한다. 그러니 이야기 속과 비슷한 상황에 처한 적이 있는지 한번 생각해보라. 사실을 지나치게 확대하지는 말아야 한다. 그리고 때로는 원래 스토리텔러를 인정하는 것이 더 나은 방법이 된다는 것도 유념해야 한다.

당신에게 일어난 재미난 일들에는 어떤 것이 있는가? 실수로 열쇠를 두고 나와 집에 들어가지 못한 경험이 있는가? 널따란 주차장에서 차를 잃어버린 적은? 사람들에게 엄청난 결례를 범한 적이 있는가?

당신은 그런 경험을 통해 무엇을 배우게 되었는지 그리고 다른 사람들에게 전달하고 싶은 내용에 그러한 이야기들을 어떻게 연관시킬지 생각해보라.

'이야기' 가 가진 뛰어난 장점이 무엇인지 생각나는가? 아래 내용을 보고 기억해 내기 바란다.

- 이야기는 핵심을 분명히 묘사할 수 있는 훌륭한 방법이다.
- 이야기는 모든 문화에서 쉽게 찾아볼 수 있는 요소이다.
- 잘 잊혀지지 않는다는 최상의 효과를 발휘한다.
- 보다 진지한 교훈을 얻을 수 있는 계기가 된다.
- 관계를 구축할 수 있는 훌륭한 방법이다.

앞에서 언급된 어린시절 경험의 일부, 즉 직접적인 접근법과 이야기를 통한 교훈은 현재의 당신을 형성하고 있는 일부 요소이다.

이를 토대로 커뮤니케이션 능력을 향상시키기 위해서는 자신을 보다 잘 알아야 한다. 바로 이러한 이유 때문에 우리는 이어지는 부분에 당신이 진정 어떤 유형의 커뮤니케이터이고, 전체적으로 봤을 때 어느 정도의 등급에 속하는지 알아보는 데 도움이 될 만한 몇 가지 연습문제들을 실어둔 것이다. 하지만 그 부분을 접하기 전에 먼저 뜻밖의 깨달음을 전하고자 한다. 전혀 좋은 소식은 아니지만 말이다.

커뮤니케이션의 문제점

"정성을 다하면 못할 것이 없습니다. 다 믿음에 달린 문제입니다."
데렉 해턴 — 방송인, 전직 정치인

커뮤니케이션 과정에서 피할 수 없는 문제점에 직면했을 때 이 말을 유념하면 좋을 것이다.

이 책의 첫 부분에서 우리는 훌륭한 커뮤니케이터를 만드는 요소들이 무엇인지 그리고 어린이에서 성인으로 성장하는 과정이 우리들의 인간관계 구축 방식에 어떤 영향을 끼치는지 살펴보았다. 이제부터는 커뮤니케이션 과정에서 겪는 개인적 어려움을 살펴보는 시간을 가지려고 한다. 그 후에는 자신의 커뮤니케이션 능력을 향상시키기 위해 할 수 있는 실질적인 일들에 대해 살펴보기로 하자.

본격적으로 시작하기에 앞서 모든 문제점들이 그렇게 쉽게만 해결되지 않으리라는 점을 분명히 밝혀두는 것이 좋겠다. 다음에 이어질 내용은 당신이 겪어야만 하는 고초에 대한 결정적인 경고를 담고 있다.

요는, 어떤 메시지는 사람들이 듣고 싶어 하지 않는다는 것이다. 그런 상황에서는 그들과 친분을 쌓는 것이 (전혀 불가능한 것은 아니더라도) 아주 어려운 일이 된다.

 가라사대
데이비드 클러터벅 ― 교수

사람들은 듣고 싶지 않은 메시지를 접하면 그것을 무시해버리는 경향이 있습니다.

한 공장에서 있었던 일이 생각나는군요. 공장에서는 그곳이 곧 폐쇄될 것이라는 암시를 주기 위해 생각해낼 수 있는 모든 방법을 동원했습니다. 심지어는 작업장을 실측하는 일까지 있었다고 합니다. 그런데도 폐쇄가 공식적으로 발표되자 근로자들은 전혀 눈치 채지 못했다며 파업에 들어갔습니다. 사람들은 듣기에 좋은, 그리고 자신들이 듣고 싶어 하는 소식만 듣습니다.

우리는 불쾌한 메시지를 접하면 아예 무시하는 경향이 있습니다. 사람들이 메시지를 받아들일 때는 온갖 요인이 작용합니다. 마음 상태, 즉 메시지를 받아들이려는 의향이 그러한 요인이 되고, 정보를 제공하는 사람에 대한 인식 또한 그렇습니다. 만일 그 정보가 당신이 신뢰할 수 없다고 생각하는 사람에게서 나온 것이라면, 당신은 아마 비수용적이 될 것입니다. 메시지를 받아들이려 하지 않을 것이란 이야기이죠. 그러한 메시지가 당신이 그 사람 혹은 그 기업에 대해 내렸던 기본적인 판단과 모순이 될 경우에는 특히 그렇습니다.

클러터벅 교수의 이러한 견해는 1980년대 영국의 호전적인 정치 지도자였던 데렉 해턴의 사례를 통해 뒷받침된다. 그는 당시 수상이던 마거릿 대처와 정반대의 견해를 가지고 있었다.

 가라사대

데렉 해턴 ─ 방송인, 전직 정치인

마거릿 대처 정도의 인물이면 훌륭한 커뮤니케이터라고 말할 수도 있겠죠. 하지만 저로서는 그것이 아주 어려운 일이었습니다. 그녀를 만났을 당시 저는 그녀가 형편없는 커뮤니케이터라고 생각했습니다. 저 역시 대처 입장에서는 정반대의 말을 하고 있었으니 그녀 역시 제가 형편없는 커뮤니케이터라고 말했을 겁니다.

사람을 관리할 때 아주 어려운 일 중 하나는 때로는 당신이 나쁜 소식을 전해야 한다는 것이다. 사람들이 나쁜 소식을 받아들이려 하지 않는다면, 상황은 언제나 힘들어질 것이다.

나쁜 소식을 전하는 방법

망설이거나, 모호하게 말하거나, 핵심을 곧바로 전달하지 않거나, 메시지를 그럴 듯하게 포장하는 것은 문제를 더욱 악화시킬 뿐이다. 이런 때일수록 그저 사실을 있는 그대로 전달해야 한다.

과연 최상의 방법이 무엇인가에 대한 전문가의 견해를 구하기 위해 우리는 소아과 상담 전문의인 더그 심키스로부터 나쁜 소식을 전하는 그만의 황금률에 대해 들어보았다. 나쁜 소식을 전한다는 것은 곧, 부모에게 아이들이 심각하거나 혹은 치명적인 병에 걸렸다고 말하는 상황이 될 수도 있음을 고려하기 바란다.

 전문가 발언대

더그 심키스 — 소아과 상담 전문의

저는 반드시 부모 모두에게 이야기를 합니다. 방해를 받지 않는 여건 속에서 충분한 시간을 가지고 제 의견을 말하고 또 부모의 이야기도 함께 들을 수 있도록 하지요.

그런 후에는 부모들이 현재 어떤 상황이고 지금 닥친 곤경에 대해 얼마나 이해하고 있는지 최선을 다해 파악합니다. 마지막으로는 잔인한 정직함과 연민의 감정을 조화시키려고 노력하지요.

사람들은 정직성에 반응합니다. 솔직하게 이야기를 하는 것은 관계를 구축하는 데 정말 큰 도움이 됩니다. 이렇게 구축된 관계는 10년에서 15년까지 지속되기도 하거든요. 서로를 이해하게 되고 서로를 존중하는 것이 중요하다는 것이지요.

면담이 있는 날에는 사람들에게 질문 기회를 많이 주어야 합니다. 그리고 상황을 검토할 날짜를 곧 잡아 다시 일대일로 앉아 이야기를 할 수 있도록 해야 합니다.

비즈니스 상황(이때는 아무리 나쁜 소식이라도 생사가 걸린 문제는 아닐 것이다)에 더그 심키스의 황금률을 적용해보자.

- 집단에게 영향을 미치는 소식이라면 모두가 있을 때 전달하도록 한다.
- 충분한 시간을 갖는다.
- 의견을 말함과 동시에 들을 수 있는 기회를 보장한다.
- 제기되는 질문에 답해야 한다는 것을 예상하라.
- 상대방이 현재 상황을 이해하고 있다면, 그것이 어느 정도인지 파악한다.
- 솔직한 자세로 임하라. 이야기가 솔직하게 전달될 수 있도록 해야 한다.

인터뷰 과정에서 더그 심키스는 한 동료가 이렇게 난처한 상담이 있을 경우 녹음해서 기록해두기 시작했다고 덧붙였다. 그러면 나쁜 소식을 듣고 폭탄을 맞은 듯 정신이 혼미해진 사람들이 나중에 무슨 말이 오고갔는지를 주의 깊게 되짚어볼 수 있기 때문이다. 면담 때 요지를 글로 적어둔다거나, 자주 묻는 질문에 대한 대답을 준비하는 것도 좋은 생각이다.

추가 검토를 위해 공식적 시간을 정하고 그 사이 당신을 만날 수 있는 시간을 알려주는 것도 이런 과정에서 큰 도움이 될 수 있다.

이로써 우리가 이 책을 쓰면서 얻은 뜻밖의 깨달음이 담긴 1장은 마치도록 하겠다. 앞으로 우리는 더 많은 것을 깨닫게 될 것이고, 그러한 깨달음을 통해 여러분이 더욱 훌륭한 커뮤니케이터가 될 수 있었으면 한다. 하지만 무엇보다 가장 먼저 해야 할 일은 자신을 깊이 살펴보는 것이다.

1장 엘리베이터 테스트

- 진실은 중요하다. 진실은 신중하게 활용해야 한다.

- 때로는 시기에 따라 정직함의 정도가 결정된다.

- '카리스마'라는 용어는 주관적이다. 그 말은 관심, 공감, 재기, 위트 등과 관련이 있다.

- 열정은 효과적인 커뮤니케이션의 결정적 요소이다.

- 어린 시절의 기억을 되살려 직설적이고 개방적이며 솔직해져라. 다만 이러한 태도는 당신이 일하고 있는 곳의 문화와 어울려야 한다.

- 스토리텔링은 효과적이다. 이야기가 개인적 경험과 연관이 있거나 재치 있을 경우 특히 그렇다.

- 스토리텔링은 청자의 기억 속에 중요한 메시지를 심어주는 데 도움이 된다.

2장

당신은 어떤 유형의 커뮤니케이터인가

커뮤니케이션 스타일…에 관한 진실

자신의 커뮤니케이션 스타일을 평가하는 작업을 행하기 전에 먼저 우리가 정의한 아래 유형들을 한번 살펴보기 바란다. 당신에게 해당되는 것은 몇 가지인가? 이러한 카테고리 중 하나와 완전히 일치하는가? 아니면 하나 이상의 카테고리의 특성들을 조금씩 보여주고 있는가? 각 유형에는 저마다 장단점이 있다. 긍정적인 면은 적극적으로 이용하고 단점은 피할 수 있도록 노력해보자.

그리고 각 유형에 일치하는 사람을 적어도 한 사람 이상 생각해보자.

■ **첩보원 유형** ─ 카드놀이를 할 때 패를 가슴에 바짝(때로는 너무 바짝) 붙이고 한다. 전혀 중요하지 않은 사실도 기밀사항인 것처럼 취급한다. 상관으로부

터 위임받은 사항일 때 특히 그렇다.

— 장점: 신중하며 믿을 수 있다.

— 단점: 직원들 사이에 혼란을 조장하거나, 의심하는 문화를 양산할 수 있다.
  때로는 유언비어의 근원이 될 수 있다.

■ **이중간첩 유형** — 신중한 척하지만 양다리를 걸치는 사람. 때로는 당신 편에
서 수도 있지만, 그가 당신 편인지는 확신할 수 없다.(그랬다가는 믿는 도끼에
발등을 찍히는 수가 있다.)

— 장점: 단기적으로, 특히 경쟁적인 환경에서 유용한 동맹군이 될 수 있다.

— 단점: 장기적으로 믿을 만한 가치가 없다고 판단될 가능성이 높고, 금세 필
  요 없는 존재가 된다.

■ **호사가 유형** — 잡담거리를 수집하거나 여의치 않으면 지어내는 사람. 기밀
이란 곧 '다른 사람에게 말할 거리'라고 생각한다.

— 장점: '친구'가 많다. 사람들은 대부분 최신 소문을 듣는 데는 주저 없이
  시간을 할애한다.

— 단점: 신뢰성이 없고 동료들이 그를 믿을 가능성이 낮다.

■ **독재자 유형** — 그 누구의 말도 듣지 않는다. 섣부른 판단이나 결정을 내리고
그것이 당연한 사실인 것처럼, 혹은 모두들 그렇게 믿고 있는 것처럼 말한다.

— 장점: 방향 및 초점이 지극히 명확하다.

— 단점: 자신의 견해가 무시된다고 생각될 때 사람들이 적대감을 쌓는다.

■ **만물상 유형** — 모든 사람에게 모든 것을 말하는 사람. 심지어 현안과 아무런
관련이 없는 내용인 경우에도.

— 장점: 사람들에게 정보를 제공하지 않았다고 비난받을 일이 결코 없음.

— 단점: 사람들을 완전히 녹초가 되게 하며, 다루고 있는 현안에 초점이 없다. 또 이곳저곳을 다니느라 엄청난 시간을 낭비한다.

■ **생쥐 유형** — 여러 가지 주요 이슈에 대해 의견을 가지고 있으나 그것을 표현할 자신감이나 능력이 부족한 사람.

— **장점**: 기민하며, 당면 상황을 잘 파악한다. 다른 사람들이 보기에 훌륭한 홍보 수단이 될 수 있다.

— **단점**: 속내를 드러내는 것을 두려워하기 때문에 사람들을 움직이는 능력이 부족하다.

이제부터 10분의 시간을 갖고 다음의 질문에 답해보라. 당신의 커뮤니케이션 능력이 얼마나 효과적인지 측정할 수 있을 것이다.

자기 평가: 나는 얼마나 훌륭한 커뮤니케이터인가

1. 다른 사람이 이야기를 할 때, 이런 경향이 있다.

   a. 전적으로 그 사람에게 집중한다.

   b. 이야기를 경청은 하지만, 가끔 속으로 딴 생각을 한다.

   c. 마음이 콩밭에 가 있으며, 거의 이야기를 듣지 않는다.

2. 발표할 때, 이런 경향이 있다.

   a. 당신이 말하는 도중에 듣는 사람이 끼어들 여지를 넉넉하게 제공한다.

   b. 사람들이 끼어들고 싶어 한다는 것을 감지할 때 가끔 기회를 준다.

   c. 발표를 먼저 마친 후에 질문을 받거나 다른 사람의 보충설명을 듣는 편이다.

3. 누군가가 무엇을 하도록 설득할 때, 이런 경향이 있다.

   a. 이성적인 논변만을 제시한다.

   b. 이성적인 논리를 제시하되, 감정적인 메시지도 일부 활용한다.

   c. 감정적 차원에서 그 사람에게 호소한다.

4. 직장에서 사람들에게 중요한 메시지를 전달하기 전에, 이런 경향이 있다.

   a. 할 말을 사전에 꼼꼼하게 계획한다.

   b. 할 말에 대해 숙고해보기는 하지만, 상세한 계획을 세우지는 않는다.

   c. 계획은 거의 세우지 않고, 흐름에 따라 임기응변식으로 전달한다.

5. 만일 누군가가 특정 업무를 제대로 처리하지 못한 경우, 당신이 상관이라면?

   a. 그 사람의 업무 성과에 대해 아주 단호하고 직설적으로 언급한다.

   b. 차분하게 문제점을 전달하려고 노력하면서도, 어느 정도 단호함을 보인다.

   c. 그 사람을 지지하려고 노력하면서, 그들이 일을 잘못 처리했다는 것을 알게 한다.

6. 직장에서 누군가를 해고해야 한다면 당신은?

   a. 인사 담당자에게 맡긴다.

   b. 대부분 인사 담당자에게 맡기지만 당신과 논의할 수 있는 기회를 준다.

   c. 해고 대상자들과 일일이 대면한다.

7. 직장에 출근했을 때, 이런 경향이 있다.

   a. 필요한 회의 및 이메일, 전화 통화 목록을 만들어 모든 커뮤니케이션에 대한 계획을 수립한다.

   b. 그날 상황에 따라 대응한다.

   c. 약간의 계획은 세우지만 예상치 못한 우발상황을 고려한다.

8. 문자 메시지에 대한 당신의 견해는?

    a. 친구들과의 친목 모임을 위해 연락하는 수단이다.

    b. 동료에게 최근 소식을 전하는 일차적인 수단이다.

    c. 팀원들에게 중요한 소식을 알리는 수단이다.

9. 올바른 철자법과 문법을 사용하는 것에 대한 당신의 생각은?

    a. 커뮤니케이션을 할 때 발생하는 혼란 속에서 반드시 갖춰야 할 도구이다.

    b. 현재 커뮤니케이션은 그다지 격식을 차리지 않기 때문에, 구시대적 개념이
       라고 본다.

    c. 지키면 좋다. 하지만 반드시 필요한 것은 아니다.

10. 중요한 의사 결정이 이루어지는 회의에서 당신은 이런 경향이 있다.

    a. 듣기보다는 많이 말하는 편이다.

    b. 말하기보다 많이 듣는 편이다.

    c. 말하기와 듣기의 비중이 같다.

당신은 몇 점?

질문 1	a=3, b=2, c=1
질문 2	a=2, b=3, c=1
질문 3	a=1, b=3, c=2
질문 4	a=3, b=2, c=1
질문 5	a=2, b=3, c=1
질문 6	a=1, b=2, c=3
질문 7	a=2, b=1, c=3
질문 8	a=2, b=1, c=3

| 질문 9 | a=3, b=1, c=2 |
| 질문 10 | a=1, b=3, c=2 |

당신의 점수가 의미하는 것

21~30

당신은 이미 훌륭한 커뮤니케이터이다. 사려 깊고, 열정적이며, 다른 사람의 말을 경청할 준비가 되어 있다. 당신은 시간을 갖고 상대방의 생각을 고려하며, 커뮤니케이션 양식 및 새로운 기술의 활용 측면 모두에서 당신의 커뮤니케이션 능력을 향상시키기 위해 지속적이며 헌신적인 노력을 한다. 하지만 해당 주제에 관해 있는 그대로의 사실을 제시해야 하는지 혹은 당신이 느끼는 열정을 표현해야 하는지 선택해야 하는 상황에서, IQ(지능 지수)와 EQ(감성 지수)를 조화시키는 일이 때로 어렵다고 생각할 수도 있다.

11~20

당신은 커뮤니케이션을 위한 뛰어난 본능을 소유하고 있으며, 그러한 본능은 대부분의 비즈니스 상황에서 당신에게 큰 도움이 될 것이다. 당신은 대개 아주 훌륭한 계획을 세워두고, 상대방에게 표현하고자 하는 내용에 대해 시간을 갖고 생각하며, 단호하게 행동한다. 아마 가끔씩 실력을 최대한 보여주지 못했다거나, 당신의 논변을 정당화하지 못했다고 생각한 적이 있을 텐데, 그것은 꼼꼼히 생각해볼 충분한 시간이 없었기 때문이다.

1~10

당신은 커뮤니케이션의 기본은 이해하고 있지만, 시간을 갖고 당신의 커뮤니케이션 양식을 꼼꼼하게 손질할 필요가 있다. 당신 생각에는, 상대방이 당신의 생각을 이해하지 못하거나, 충분한 근거 없이 당신의 의견에 반대하는 경우가 너무나 많다. 당신은 종종 정보 과부하의 수렁에 빠진다. 보다 많은 여유를 확보하기 위해서는 들어오는 메시지를 걸러낼 방법을 찾을 필요가 있다. 어쩌면 현재 당신은 이용 가능한 기술을 최대한 활용하지 못하는 것일 수도 있으므로, 여러 가지 툴과 테크닉을 새롭게 익히는 것이 당신에게 도움이 될 수 있다.

현재 당신의 위치는?

다음에 나오는 실습 예제는 당신의 자기 인식을 심화시키기 위해 고안된 것이다. 당신은 현재 당신이(특히 첫 만남에서) 다른 사람들에게 어떤 종류의 인상을 주고 있는지 심도 있게 살펴보게 될 것이다.

다음의 단어 중에서 당신에 대한 다른 사람들의 생각을 가장 잘 나타낸다고 여겨지는 것을 세 범주에서 하나씩 골라보도록 하자.

그리고 이번에는 당신이 원하는 자신의 모습을 생각해본다. 첫 만남에서 당신에게 깊은 인상을 심어주었던 사람과 관련하여 생각해보자. 그 사람을 '대단하다'고 여기게 된 요인은 무엇이었는가? 그들의 지위였나, 아니면 그들의 겉모습이었나? 혹은 자신감 넘치는 악수, 위트, 자신을 낮추는 태도가 인상적이었나? 그들이 한 말이나 그들이 말하는 방식이 인상 깊지는 않았는가?

한 단계 더 나아간다면

이 실습 예제는 당신이 어떤 유형의 커뮤니케이터인지 가늠할 때 정말 유용한 방법이 된다. 그런데 훨씬 더 객관적인 견해를 원한다면, 이 단어 목록을 동료 두어 명에게 보여주고 당신의 모습을 가장 잘 포착하는 단어 세 개를 골라달라고 부탁하라. 아마도 이 모든 결과를 종합한 것이 진실일 것이다.

사교 기술	사업 기술	태도
인정(人情)이 많다	효율적이다	실천가 유형
사교성이 풍부하다	까다롭다	사상가 유형
애교가 많다	산만하다	공격적이다
위트가 넘친다	민첩하다	복종적이다
냉정하다	활기차다	침착하다
쌀쌀맞다	초점이 명확하다	거리감이 없다
수줍음을 탄다	엄격하다	공감을 잘한다
사려가 깊다	효과적이다	이해심이 많다
외향적이다	공격적이다	독단적이다
모임을 좋아한다	창의적이다	상냥하다
말수가 적다	매우 세심하다	우유부단하다
친절하다	결단력이 있다	친밀하다
신중하다	적극적이다	협조적이다

당신이 원하는 위치는 어디인가?

이 실습 예제는 당신이 가지고 있는 기존의 인식에 구체적으로 살을 붙이기 위해 고안되었다.

다음 '단어 집합'을 보고 다음의 두 가지 질문에 대해 각각 답한다. 단어는 다섯 개씩만 고를 수 있다. 두 답안 목록에 겹치는 단어가 몇 개이든 상관은 없지만, 최대한 솔직해야 한다는 것을 명심하라. 먼저 각 질문에 답변이 될 수 있는 단어를 모두 고른 후, 최종 다섯 개를 걸러낸다면 답하기가 훨씬 수월할 것이다.

1. 당신이 보는 자신의 모습은 어떠한가?
2. 당신이 가장 갖고 싶은 특성은 무엇인가?

단어 집합

직업의식이 있다,
남을 배려한다, 독립적이다, 강인하다, 정직하다, 효과적이다, 효율적이다,
끈기가 있다, 타협하지 않는다, 충성스럽다, 공격적이다, 창의적이다, 재능이 많다,
박식하다, 진지하다, 사교적이다, 인기가 많다, 결단력이 있다, 비전이 있다, 수줍음을 탄다, 유쾌하다,
이성적이다, 성의가 있다, 매우 세심하다, 부지런하다, 유능하다, 양심적이다, 성실하다, 매사에 열심이다,
야망이 있다, 유머 감각이 있다, 원만한 성격이다, 신뢰할 수 있다, 까다롭다,
지적이다, 선견지명이 있다, 공감을 잘 한다.

이 실습 예제는 두 가지 면에서 흥미롭다. 첫 번째는 자기 자신을 나타내는 단어를 선택하는 과정으로, 처음에 우리는 열다섯 개 내지 스무 개의 단어를 고를 수도 있다. 그러고 난 후 다섯 개의 단어를 선별해야 하기 때문에 우리가 정말 중요하다고 생각하는 것에 주의를 집중하게 된다. 또 하나 흥미로운 면은 두 번째 질문에 답하면서 이 단어, 저 단어를 고르고 또 고르게 된다는 것이다.

이 과정이 끝나면 당신은 앞으로 당신의 모습으로 인식되고 싶은 것 그리고 당신이 바라는 가치 체계를 나타내는 단어 다섯 개를 얻게 될 것이다.

이제까지 당신은 현재 당신의 모습과 당신이 바라는 자신의 모습에 대한 의식 수준을 높이기 위한 작업을 했다. 이 단어들을 마음에 새겨두기만 한다면, 커뮤니케이션 상황에서 그것을 구현하는 것은 결코 어렵지 않을 것이다.

자신감…에 관한 진실

뛰어난 커뮤니케이션이란 자신감의 문제이다. 종종 우리는 겉모습 속에 내부의 감정을 숨기기도 한다.

굿 스토리: 앤디의 프레젠테이션

이제 막 승진을 한 앤디(Andy)는 고위 경영진 앞에서 처음으로 프레젠테이션을 하게 되었다. 앤디는 준비를 충분히 하고, 예행 연습도 여러 번 해두었다. 한 동료가 앤디의 파워포인트 슬라이드를 함께 훑어보며 다시 확인해주기까지 했다. 드디어 결전의 날, 앤디는 준비한 프레젠테이션을 아주 성공적으로 마쳤고, 함께 발표를 들었던 그의 상관이 앤디를 한쪽으로 불러 축하의 말을 건네주었다.

앤디가 상관에게 "정말 많이 긴장했었습니다."라고 털어놓자, 상관은 놀랍게도 "그랬나? 그게 사실이라면 아주 제대로 속였구먼. 전혀 눈치 채지 못했어."라고 말한다.

이런 식의 대화는 어디서나 들을 수 있다. 하지만 우리는 여기서도 중요한 교훈을 하나 얻을 수 있다. 당신이 내부에서 어떤 감정을 느끼느냐가 중요한 것이 아니라, 그것을 외부로 어떻게 표출하느냐가 중요하다는 것이다.

이로써 자기 평가를 위한 실습은 마무리가 되었다. 아마 지금부터 당신은 당신의 자신감에 대해 의식하게 될 것이다. 도대체 나는 얼마나 뛰어난 것일까?

비즈니스에 관한(삶 전반에 관한) 놀라운 비밀

무엇이 자신의 능력이라고 생각하건 간에, 사람들 대부분은 자신의 능력을 다른 사람들이 생각하는 것보다 과소평가하고 있는 것이 사실이다.

과거에는 관리자들이 실시하는 업무 평가가 당신에 대한 사람들의 생각을 보여주는 수단이 되곤 했다. 하지만 지금은 점점 더 많은 기업들이 당신의 업무 수행 능력에 대해 보다 광범위한 계층의 의견을 수렴할 수 있도록 360도 피드백을 활용하고 있다. 이 방법을 이용하면 당신의 동료, 고객, 부하 직원 그리고 당신 자신이 평가자가 된다.

십중팔구 당신이 자신에게 매기는 점수는 그 누구보다도 짤 것이다. 어떤 이유에선지는 몰라도 사람들은 대부분 다른 사람들이 생각하는 것보다 자신이 뛰어나지 않다고 생각한다.

물론 당신이 스스로의 능력을 전혀 믿지 않는다는 뜻은 아니다. 아마도 당신은 자신이 역량을 발휘할 수 있는 분야가 어디인지는 알고 있으나, 사람들이 자신을 과대평가하고 있는 것이라고 생각할 것이다.

계급이나 지위가 높거나, 나이나 경험이 많다고 해서 이러한 감정이 생기지 않는 건 아니다. 책을 집필하기 위해 조사를 하는 과정에서 우리는 일류 학자임에도 자신에게 마이크가 넘어오자 덜덜 떠는 사람도 보았고, 논리정연하고 타인에게 영감을 주는 재계 지도자가 인터뷰 내용이 녹음된다는 사실에 당황하여 할 말을 잃어버리는 경우를 보기도 했다.

사람들은 자신이 가지고 있는 지위나 권한과 상관없이 모두 저마다 어느 정도 자기를 불신하며, 때로는 도대체 어떻게 현재의 위치에까지 올랐는지 의아하게 여기기도 한다. 만일 이 책에 소개된 인물들 중에 당신의 부러움을 사는 이가 있다면, 용기를 가져도 좋다.

가라사대

캐리 쿠퍼 — 맨체스터 공대(UMIST) 조직 심리학 교수

사실 제가 출연한 방송을 다시 보는 것이 바람직하겠지요. 하지만 그러지 못하는 이유는, 다 알지 않습니까. 제가 제대로 해내지 못했다는 것을 알게 돼 자신감을 잃을까 봐 두려운 겁니다. 이보다 어리석은 일이 또 어디 있겠습니까? 이것은 상황을 회피하는 것에 지나지 않아요. 그래서는 안 되지요. 제가 출연한 라디오 방송을 다시 들어보고 텔레비전 방송도 다시 보면서 혹시 실언은 하지 않았는지, 또 무엇을 배울 수 있는지 살펴봐야 하는 겁니다. 하지만 너무나 형편없는 제 자신의 모습을 보고 다시는 방송에 나가지 않게 될까 봐 두렵습니다.

그랬다. 일류 학자조차도 자신감에 있어 뜻밖의 위기를 겪는 것이다. 그렇다면 뛰어난 능력을 갖춘 비즈니스 리더의 경우는 어떨까?

가라사대

사이먼 테링턴(Simon Terrington) — 언론 회사에 창의적인 전략을 제안하는 컨설팅 회사인 휴먼 캐피털(Human Capital)의 창립 이사

사실 우리 모두는 그저 허풍을 떨고 있는 것뿐이에요. 그렇지 않습니까? 삶 자체가 허풍입니다. 대부분의 최고 경영자들은 '아웃사이더 신드롬(Outsider Syndrome)' 으로 고통을 겪지요. 누군가 우리에게 다가와 다 들

통 났다고, 당신이 이제까지 허풍을 떨어왔다는 것을 다 안다고 말하는 것이지요. 어떻게 그럴 수가 있느냐고, 당신에겐 그럴 자격이 없다는 식으로 말입니다. 이런 일은 모두가 두려워합니다.

　우리는 영웅을 숭배하는 문화를 가지고 있어요. 제국을 창조해내는 최고 경영자들을 이러한 슈퍼맨으로 생각하는 경향이 있으니까요. 제게 변하지 않는 믿음이 있다면 그것은 그 누구도 모든 정답을 알 수는 없다는 것입니다. 이 사실만 알아도 마음이 훨씬 홀가분해지지요.

누구나 근심 걱정으로 잠 못 이루는 밤이 있게 마련이다. 그럴 때에는 그 누구도 자신의 모습에 만족할 수 없으리라. 하지만 기억하라. 중요한 것은 타인의 눈에 비친 자신이라는 것을.

피드백 얻기

다른 사람들이 자신을 어떻게 바라보는지에 대해 지속적인 피드백을 얻지 않고는 자기 계발은 생각조차 할 수 없다. 유능한 커뮤니케이터들은 항상 타인으로부터 지속적인 피드백을 얻으며, 사실 이는 그렇게 어려운 일이 아니다.

　주위 사람들에게 질문을 하는 것이 피드백을 얻는 가장 쉬운 방법이다. 칭찬을 유도하는 것처럼 보일 필요도, 당신의 현재 모습에 자신 없어 할 필요도 없다. 동료나 친구 또는 부하 직원 중 누구에게든 열린 마음으로 솔직하게 물어보면 된다. 그러면 대개 솔직하고도 정직한 대답이 돌아오기 마련이다.

　(공식적으로 정하든 비공식적으로 정하든) '멘토'가 큰 도움을 줄 수 있는 부분이 바로 여기다. 조직 내에서 비슷한 지위에 있으면서 다른 업무를 맡고 있고, 그러면서 당신의 역할을 이해할 수 있는 누군가를 찾아 멘토로 삼는 것이 가장 바람

직하다. 그렇게 되면 서로 아이디어를 나누면서 당신도 그에게 동등한 멘토 역할을 해줄 수 있을 것이다.

또한 가끔씩 다른 사람을 포함시켜 더욱 다양한 반응을 얻을 수도 있을 것이다. 예를 들면, 부서 전체 브리핑이 끝난 후 부하 직원 중 한 사람을 조용히 불러 이런 질문들을 해보는 것이다. '나머지 부서 직원들이 이 정보를 어떻게 받아들였을 거라고 생각하나? 우리가 하고 있는 일이 분명히 인식되는가? 그리고 공정한가? 우리가 직면하게 될 문제점이 있다면 무엇이라고 생각하나?' 그 부하 직원은 분명 당신의 솔직한 질문을 감사하게 생각할 것이고, 당신이 자신의 의견을 소중하게 생각하는 것에 기분이 좋아질 것이다.

당신이 신뢰할 수 있는 사람에게서 피드백을 얻을 수 있도록 해야 한다. 감수성을 겸비한 사람이라면 더욱 좋다. 당신이 얻게 될 피드백 중 일부는 막상 듣고 나면 당신의 심기를 불편하게 할 것이 분명하기 때문이다. 당신이 원하는 것은 솔직함이지, 언어 폭력은 아니다.

피드백에 대한 의식 수준을 향상시키는 것 또한 도움이 된다. 그렇게 되면 다양한 상황에서(일대일 미팅에서부터 공식적인 프레젠테이션에 이르기까지) 당신은 청자가 찬성이나 이의를 표시하는 여러 비언어적인 방법들을 더욱 면밀하게 살펴볼 것이다. 비언어적 신호는 이 책의 뒷부분(10장)에서 자세히 다룰 것이다.

가라사대
발 구딩 — BUPA

제가 드릴 수 있는 아주 중요한 조언이라고 한다면 질문을 많이 하는 것입니다. 이 조언을 유용하게 사용할 수 있는 상황은 이루 헤아릴 수도 없습니다. 예를 들어 승진을 해서 새로운 업무를 맡게 되었는데 뭘 어찌해야 할지 모르는 상황에 처하게 될 수도 있습니다. 대부분의 사람들은 자신이 할 일에 대해 잘 모르고 있다는 사실을 남들에게 감추려 하면서 겉으로는 그 누구보다도 자신감에 찬 것처럼 보이려고 애쓸 것입니다. 지위 고하를 막론하고 당신이 택할 수 있는 가장 좋은 방법은 질문을 하는 것입니다. 소란스럽게 호기심을 가지고 질문을 던지세요. 까마득한 상관이라도 주저하지 말고 계속 질문을 던져야 합니다. 그것이야말로 당신이 배워서 유능해질 수 있는 길이니까요.

 ### 실전과제: 녹음기를 장만하라

녹음기를 하나 장만한다. 녹음기는 1970년대에 전통적으로 서기가 해오던 일을 대체할 방법으로 인기를 끈 바 있다. 당시 사람들은 이 신기술의 도움을 받아 편안히 앉아서 여유롭게 서신을 작성할 수 있었다. 나중에 사본을 작성하는 타이피스트들이 두서없이 말한 내용들을 그럴싸한 문장으로 다듬어줄 것이라 생각하고 말이다.

오늘날 이 장비는 비즈니스에서 다양한 용도로 사용되고 있다. 녹음기가 있으면 언제 어디서든 모든 주제에 대한 기록이 가능하다. 운전 중이라도 출발하면서 녹음기를 켜두면 쏟아져 나오는 생각들을 기록해둘 수 있는 것이다. 아이디어가 끝없이 쏟아져 나오는 사람일 경우, 녹음기를 이용하면 영감이 떠오르는 즉시 포착해둘 수 있을 것이다.

연설을 해야 한다거나 또는 프레젠테이션을 진행해야 하는 경우에도 녹음기를 사용하여 내용을 기록해두고 완전히 암기할 때까지 반복해서 들을 수도 있다.

당신이 커뮤니케이션을 얼마나 잘하고 있는지에 관해 좀 더 객관적으로 알고 싶다면, 회의나 프레젠테이션 당시를 녹음해두고 나중에 그것을 다시 들어보는 방법도 있다. 운이 좋아 당신을 지도해줄 멘토가 있는 경우라면, 그리고 그에게 녹음 내용을 들려줄 만큼 용기가 있다면, 그 내용을 분석해서 얻을 수 있는 혜택은 더욱 많을 것이다.

2장 엘리베이터 테스트

■ 한 사람이 가지고 있는 커뮤니케이션 스타일은 한 가지가 아니라 여러 가지이다. 사람들은 상황에 따라 그 여러 가지 스타일을 알맞게 적용한다.

■ 자기 평가 실습은 자신에 대한 인식을 높이는 데 도움이 된다. 나에 대한 내 생각을 아는 것은 나에 대한 다른 사람의 생각을 아는 것보다 더 어려운 법이다.

■ 우리는 대부분 다른 사람들이 생각하는 것보다 자신을 과소평가한다.

■ 자신감을 보이면 유능하게 보인다.

■ 가능한 모든 기회를 활용하여 피드백을 얻도록 한다. 공식적 및 비공식적인 여러 가지 방법을 활용하여 다양한 집단의 사람들로부터 피드백을 수집한다.

■ 항상 질문한다. 질문은 무언가를 배울 수 있는 최선의 길이다.

커뮤니케이션, 그 방법을 말하다

보다 나은 커뮤니케이션을 위한 실전 가이드

서론

커뮤니케이션의 실제

2부에 이어지는 8개의 장은 실질적이며 실용적인 이슈를 다루고 있다. 어떻게 하면 다양한 도구를 활용하여 여러 상황 속에서 효과적으로 커뮤니케이션을 수행할 수 있을 것인가 하는 문제이다. 이 내용이 책의 대부분을 차지하고 있는 만큼, 이 서론은 여러분이 갈 길의 표지판 역할을 할 것이다.

커뮤니케이션을 지배하는 실전 규칙을 항상 염두에 둔다면 훌륭한 커뮤니케이션의 '방법' 측면은 그리 어렵지 않다.

먼저 우리는 사람들과 처음 만나게 될 때 다양한 커뮤니케이션 채널을 어떻게 이용할 것인지를 논하게 된다. 그리고 커뮤니케이션을 읽기, 쓰기, 듣기, 말하기, 느끼기의 다섯 가지 주요 주제로 나누어 살펴보게 될 것이다.

'쓰기'를 논하는 부분에서는 쉬운 언어의 사용 및 (이메일, 문자, 인터넷을 비롯한) 다양한 채널을 통해 당신의 관점을 다른 이들에게 설득시키는 방법을 이야기한다.

이어서 살펴볼 부분은 말하기와 듣기이다. 쌍방향의 직접적 커뮤니케이션이 현재 우리의 직장생활에서 아주 큰 비중을 차지하고 있는 만큼, 회의 및 프레젠테이션 시간과 (음성 메일과 파워포인트처럼) 통상적으로 사용되지만 오용되고 있는 현재의 하드웨어 일부에 대해서도 이야기를 나누게 될 것이다.

그리고 나아가 커뮤니케이션의 비언어적 방법에 대해서도 고찰해볼 것이다. 이 방법을 이용하면 잠재의식 수준에서도 엄청난 신호를 전달할 수 있다.

그런데 이 모든 것에 앞서 먼저 커뮤니케이션의 주된 수단과 그것을 활용하는 방법에 대해 간략하게 살펴보고자 한다.

커뮤니케이션이 시작되는 곳

사람들은 끊임없이 관계를 맺으며 살아간다. 단순히 일회성에 그쳐 정보를 한 번 전달하는 것에 그치는 관계가 있는가 하면, 어떤 관계는 보다 의미 있게 발전하기도 한다. 하지만 모든 관계에 한 가지 공통적으로 적용되는 것이 있다. 그것은 바로 첫 단추를 잘 채워야 한다는 것이다. 바로 그것이 이 부분의 요지이다.

통화할 때

어떤 사람에게 처음 전화를 걸 때는 감정에 이끌려 수화기를 잡아채고 전화번호를 누르는 일은 피해야 한다.

가장 먼저 해야 할 일은 전화를 거는 목적을 생각하는 것이다. 처음 전화 통화를 한다는 것은 곧 당신이 상대방에게 납득시킬 무언가가 있다는 뜻일 가능성이 높다. 예를 들자면, 사람들에게 회의나 프레젠테이션에 참석하라고 이야기할 수도 있고, 당신이 진행하고 있는 프로젝트에 대해 상대방의 의견이나 조언을 듣고 싶어 할 수도 있다.

통화할 때 사람들이 가장 싫어하는 것은 쓸데없는 말을 많이 하는 것이다. 그러니 메모지에 전화를 거는 목적, 특별히 이 사람을 통화 상대방으로 선택한 이유, 상대방이 당신을 도와야 하는 이유 몇 가지 등을 간략히 적어두는 것이 좋다.

다음의 두 상황이 얼마나 비교되는지 한번 살펴보라.

1. 준비하지 않은 경우

"여보세요, 벤저민 알렌 씨 부탁합니다."

"전데요."

"어머! 벤저민 씨, 안녕하세요? 저는 헤이스 오토에서 일하는 수 팀슨이라고 하는데요. 벤저민 씨가 이런 일도 하시는지는 잘 모르겠지만, 일단 연락을 해보라고 해서 이렇게 전화를 드린 건데요. 혹시 제프 옥스턴 씨를 아시는지 모르겠네요. 옥스턴 씨가 벤저민 씨를 개인적으로 알고 있는 것인지 아니면 그냥 당신의 강연에 참석해서 알고 있는 것인지는 저한테 알려주지 않았거든요. 아무튼, 옥스턴 씨가 지난주 시내에서 있었던 비즈니스 조찬 모임에서 벤저민 씨가 회사의 윤리에 대해 말씀하시는 걸 들었다고 하시거든요. 요즘 고객들이 관심을 많이 갖는 부분이기 때문에 저희도 오랜 기간 논의해왔던 부분인데요. 벤저민 씨께 부탁드리고자 하는 것은, 그러니까 제 말은 벤저민 씨가 강연으로만이 아니라 다른 회사를 위해서 그런 일을 해본 적이 있으신가요? 상담 위주로요. 그렇다고 저희가 높은 보수를 드릴 수 있다는 말은 아니고요, 그냥 한두 시간 정도 자문을 해주셨으면 좋겠는데요."

2. 준비한 경우

"여보세요, 벤저민 알렌 씨 부탁합니다."

"전데요."

"벤저민 씨, 저희는 헤이스 오토라는 회사입니다. 제 동료인 제프 옥스턴이 지난 주 시내에서 있었던 비즈니스 조찬 모임에서 상거래 윤리에 관한 벤저민 씨의 강연을 듣고 저희 회사의 정책 수립에 도움을 받을 수 있지 않을까 생각하셨다는데요. 혹시 도움을 주실 수 있는 부분이 있을까요?"

두 번째 통화 내용이 첫 번째보다 실무적인 핵심을 잘 전달하고 있으며 동시에 호의와 개방성도 담고 있다. 첫 번째의 산만하고 군더더기가 많은 통화 내용과 뚜렷한 대조를 보인다.

회의

회의의 목적은 무엇인지, 참석하는 사람은 누구인지 미리 생각해본다. 그리고 빨리 감기를 하듯 머릿속으로 회의가 끝난 후의 상황을 떠올려보고 다른 사람이 당신에 대해 어떤 식으로 말하면 좋겠는지 생각해보라.

- 당신은 자신감에 차 있었나, 아니면 잘난 척을 했나?
- 당신은 신중했나, 아니면 아무 의견이 없었나?
- 당신의 유머는 적절한 것이었나, 아니면 불필요한 것이었나?

주지하다시피, 모든 긍정적인 결과는 어떤 면에서는 부정적으로 평가될 위험을 안고 있다. 당신이 단호함이나 침착함 혹은 유쾌한 모습을 보이기 위해 아무리 많은 노력을 한다 해도 그날의 상황에 따라 다른 평가를 받을 수 있는 것이다. 회의에서 스포트라이트를 받는 데 안달이 난 사람이 있다면, 그날은 한발 물러서서 당신의 안건을 침착하고, 안정감 있게, 정연히 전달할 기회를 기다리는 것이 더 나을지도 모른다.

이 책의 뒷부분에서 심층적으로 다루고 있는, 비언어적 커뮤니케이션에 관한 내용은 이러한 개별적 상황을 파악하는 데 도움을 줄 수 있으리라 생각한다.

우선 이 부분에서는 회의를 준비하는 한 가지 사례를 소개하고자 한다. 이 사례는 참석자들이나 안건에 대해 당신이 전혀 영향을 미치지 못하는 경우에도 적용될 수 있다.

중요 회의에서

주어진 상황에서 당신의 존재를 더욱 부각시키기 위해 할 수 있는 일은 '강점 분석'을 활용하여 당신의 현재 위치에 대한 자각 수준을 높이는 것이다. 그 방법은 아주 간단하다. 다음과 같은 특정 상황에 처했을 때 당신 개인에게 플러스되는 요인은 무엇이고 마이너스로 작용하는 요인은 무엇인지 나열해보는 것이다.

강점 분석 사례 연구

28세의 낸시는 대규모 문구 도매회사의 지사에서 마케팅 부서 대리로 근무하고 있다. 그녀에게는 새로 임명된 런던 본사의 마케팅 부장과의 회의 일정이 잡혀 있다. 현재 부장은 마케팅 팀을 파악하기 위해 여러 지사를 순회하고 있는 중이다. 이미 모든 마케팅 활동을 런던으로 집중시키는 계획이 추진되고 있다는 징후가 감지되고 있는데, 이는 낸시로서는 반갑지 않은 일이다. 회의에서 논의할 안건은 아직 정해지지 않은 상태다.

다음은 회의와 관련한 낸시의 강점 분석 결과이다.

■ 긍정적 측면

— 회의의 성격과 안건을 주도적으로 설정할 수 있는 기회가 있다.(상황에 따라 공장이나, 주요 고객을 방문하는 등의 임시 계획을 마련할 수도 있다.)

— 나의 과거 경력에 대해 논의할 수 있는 기회가 있다. 개략적인 이력서를 작성하고 내용 전달을 연습한다.

— 지역 시장에 대한 지식이 풍부하다.

— 적절하게 비용 추적을 할 수 있는 충분한 능력이 있다.

— 지역 고객의 충성도를 확보하고 새로운 사업을 시작할 수 있는 지역 차원의 계획 자료가 있다.

— 이사와 공통적인 기반이 있다. 새로 임명된 마케팅 부서의 이사는 식품 소매 분야에서 일한 적이 있는데, 나 역시 그렇다.(친분을 형성할 수 있는 기회가 될 수 있다.)

■ 부정적 측면

— 예산에 대한 통제력이 부족하다.(이미 중앙 집중식으로 처리되고 있다.)

— 전반적인 상황을 파악할 기회가 없다.

— 회사에 대한 의견이 다른 지역과 다를 수 있다는 위험이 있다.

- 지사의 직원 수를 줄이면 비용이 절감될 수 있다.(런던의 직원을 늘려야 하므로 결국은 비용이 증가하게 될 것이라고 반론을 펼 수 있을 것이다.)
- 본사와의 커뮤니케이션 문제가 있다.(이 문제를 해결하기 위해 무엇을 할 수 있을까?)

위에서 보다시피 낸시가 직면하고 있는 상황의 긍정적인 면과 부정적인 면을 정리하자 계획이 저절로 마련되었다. 이는 시간이 오래 걸리는 지루한 작업이 아니다. 실제로 낸시가 위와 같은 '강점 분석' 작업을 하는 데는 15분도 채 걸리지 않았다. 이와 같은 계획을 수립하는 데 필요 이상으로 시간을 투자할 필요는 없다. 하지만 그 방법을 준비하기에 앞서 따로 '조용한 시간'을 가질 필요는 있다. 낸시의 경우에는 실무 담당자들과 사전에 연락하여 부장의 방문 순서가 순조롭게 진행될 수 있도록 협조를 요청하고 고객들에게도 사전에 연락을 취해두면 좋을 것이다.

실행

당신의 일대일 미팅이 이제 막 시작되려 한다. 당신은 어떤 분위기와 태도를 보일 것인지 고려하고 그에 대한 준비를 충분히 갖춘 상태여야 한다. 당신의 입장을 자신감 있게 밝히고, 우발적 상황에 대한 계획을 수립하여 당신의 입지를 강화할 수 있어야 한다.

마지막으로 남은 요소는 바로 '실행'으로, 다름 아닌 미팅 중 당신이 하게 되는 말과 행위를 가리킨다. 커뮤니케이션이라는 것은 쌍방향으로 이루어지므로, 당신의 행동은 상당 부분 상대방이 하는 행동에 따라 결정될 것이다. 위에서 예로 든 낸시의 경우, 이제 곧 마케팅 부장과 첫 대면을 하게 된다. 이렇게 실전에서 경험을 쌓다 보면 다양한 유형의 사람들을 만나게 되고, 최선의 방법이 어떤 것인지 찾아내기가 훨씬 쉬워질 것이다.

서신, 이메일 및 기타 텍스트 형식의 방법

때로 우리는 전혀 알지 못하는 상대와 문자로 커뮤니케이션을 수행해야 할 경우가 있다. 앞서 제시한 두 가지의 사례(전화 통화와 일대일 미팅)에서는, 회의가 어떻게 진행되고 있는지 그리고 자신의 메시지가 상대방에게 얼마나 잘 전달되고 있는지 판단할 기회가 있다. 다시 말해 상황이 여의치 않다고 판단될 경우 노선을 수정할 수 있다는 의미다.

하지만 문자로 커뮤니케이션이 이루어질 경우에는 이것이 불가능하다. 상대방이 당신의 메시지를 접할 때 당신은 그 자리에 없기 때문이다. 그러므로 문자를 이용해 커뮤니케이션을 할 때는 더욱 세심한 주의가 요구된다. 유머를 사용하지 않으면 안 될 부득이한 이유가 있는 경우를 제외하고는 유머를 사용해서 화를 자초하는 일은 없도록 하자. 간결이 최선이다!

전화 통화나 일대일 미팅 등 앞서 우리가 다룬 상황에 처하게 되면 당신은 분명 경험과 당신의 수완에 크게 의존하게 될 것이다. 하지만 그러한 커뮤니케이션 활동을 하기 전에 먼저 정신적 준비를 갖출 수 있는 여러 가지 방법에 대해 우리가 이 부분에서 논의했다는 것을 잊지 말기 바란다. 당신의 천부적인 매력에만 의존해서 그저 빨리 뭔가를 전달하려고 해서는 안 된다!

3장

무엇을 언제 어떻게 읽을 것인가

너무 단순한 주제로 보이는가?

너무나 일상적인 읽기에 대해 이야기하는 것은, 숨쉬기나 걷기에 대해 이야기하는 것과 다름없다고 생각할 수 있다. 하지만 무엇을, 어떻게, 언제 읽을 것인가를 인식하는 것이 그 어느 때보다 중요한 문제가 되고 있다. 지금도 읽기는 우리가 정보를 수집하고 세상사에 대한 의견을 형성하는 일차적 수단이기 때문이다.

박식해지는 것은 많은 사람들이 원하는 모습이지만, 실제로 박식해지려면 평생이 걸릴 수도 있다. 단지 고전뿐 아니라 저술 전반의 기타 광범위한 작품들에 대해 지식을 쌓아야 하기 때문이다. 이는 엄청난 시간을 투자해야 하는 작업이기는 하지만, 그에 따르는 보상이 상대적으로 크다. 다른 이들과 의사소통할 때 사용하는 우리의 지식과 능력의 폭이 확대된다는 점에서 보면 말이다.

읽기를 의식적인 행동으로 만들고, 무엇을 · 언제 · 어떻게 읽을 것인가를 신중히 선택하게 되면 효과적인 커뮤니케이션을 위한 자신의 능력을 향상시킬 수 있을 것이다.

무엇을 읽을 것인가

"당신이 읽어야 할 모든 것들을 살펴본 다음 분류를 해야 합니다. 예를 들어, 아주 중요한 것, 그다지 중요하지 않은 것, 그리고 결코 읽지 않을 것들로 분류를 하는 것입니다."

캐리 쿠퍼 ― 교수

우리는 여기에서 어떤 신문이 다른 신문에 비해 낫다거나, 각종 업계지의 차이점을 비교하고자 하는 것이 아니다. 무엇을 읽을 것인가는 순전히 당신 자신이 판단할 문제이기 때문이다.

하지만 의식적인 결정을 내릴 때 아래에서 제시하고 있는 범주들을 참고한다면 도움이 될 것이다.

- 직업을 위해 알아야 할 필요가 있는 것은 무엇인가?
- 당신이 직업에 관해 최소한으로 갖춰야 할 지식은 무엇이며, 가치 있다고 인정받을 수 있는 추가적 지식에는 어떠한 것이 있을까?
- 지방 뉴스, 전국 뉴스, 국제 뉴스 중 당신이 개인적으로 크게 관심을 두는 분야는 어떤 분야인가?
- 여가 시간을 어떻게 보내고 싶은가?
- 친구들의 대화 소재는 무엇인가?
- (이야기의 주제를 몰라서) 논의에서 소외당하고 있다고 느낄 때는 언제인가?

■ 당신이 존경하는 사람은 누구이며, 그들이 가지고 있는 '지식' 중에 당신이 갖지 못한 것은 무엇인가?

이 질문들에 답을 했다면 읽기와 관련한 당신의 '공백' 이 어딘지 드러났을 것이다. 당신은 직업과 관련해 보다 권위자가 되고 싶다는 생각을 할 수도 있다. 그럴 경우에는 사내 간행물이나 업계지를 읽어보는 것이 가장 좋은 방법이다.

한편 당신은 넓은 의미에서 세상에 대한 일반적인 지식 수준(사실 일반적인 모든 지식은 어떤 식으로든 우리의 직장 생활에 영향을 미친다)을 높이고 싶어 할 수도 있다. 이럴 경우에는 좋은 신문을 읽거나 시사 문제를 다루는 신뢰성 있는 웹 사이트를 이용하는 것이 도움이 될 것이다.

얼마나 다양한 지식(폭의 문제) 그리고 어느 정도의 상세한 지식(깊이의 문제)이 바람직할지 생각해두라. 바로 이것이 읽기의 방법을 지배하는 핵심이다.

가라사대
린 루터 — 옥스팜

제가 드리고 싶은 가장 중요한 조언은 세상은 각 분야가 따로 떨어져 돌아가지 않는다는 겁니다. 오래전 제가 브리티시 텔레콤(British Telecom) 사에 입사했을 때 사람들은 브리티시 텔레콤이라는 세계만 이해하면 된다고, 그러면 그럭저럭 살아갈 수 있을 거라고 생각했죠.

하지만 결국에는 담장 밖으로 머리를 내밀고 브리티시 텔레콤 밖의 다른 세상을 내다보았던 사람들이 성공을 거뒀습니다. 20~30년 동안의 직장 생활 내내 오직 브리티시 텔레콤이 돌아가는 데 필요한 기술만을 개발했던 사람들은 정리해고를 당해 완전히 길을 잃고 말았죠.

따라서 제가 드리는 조언은 따로 시간을 갖고 정보를 수집하라는 것입니다. 정보란 누군가가 챙겨서 가져다주는 것이 아닙니다. 자신이 직접 찾아 나서야 하는 것이죠. 신상품 및 기타 여러 주제로 열리는 회의나 프레젠테이션에 참석하세요. 설령 그것이 당신 자신 혹은 당신의 일과 아무런 연관이 없다 해도 말입니다. 그리고 보다 넓은 안목으로 상황을 파악하고 적극적으로 정보를 수집해야 합니다. 두 번째 조언은, 지금 종사하고 있는 업종 외에 다른 분야에도 관심을 가지라는 것입니다. 예를 들어, 당신이 노키아에서 근무하고 있으니 다른 이동전화업체에 대해서만 알면 된다고 생각하면 안 된다는 것이죠. 최상의 아이디어는 대개 당신의 전문 분야와 아무런 관련이 없는, 완전히 다른 업종에서 나오기 마련입니다.

어떻게 읽을 것인가

우리는 모든 문자 정보를 똑같은 방식으로 읽지는 않는다. 광고판이 우리의 의식에 미치는 영향과 은행에서 보내는 거래 명세서를 읽을 때의 인지 수준은 분명히 다르지 않던가. 우리가 메시지를 다양한 방식으로 받아들이는 것은, 사람들이 저마다 다른 효과를 염두에 두고 메시지를 만들기 때문이다.

여기서 또 한 가지 중요한 요소는 환경이다. 당신에게 무언가를 파는 입장에 있는 광고주들은 당신이 차에 앉은 채 길거리의 광고를 훑어보기만 할 것이라는 사실을 이미 알고 있다. 한편, 당신의 개인 재정에 대해 끊임없이 정보를 제공하고자 하는 은행 관리자들은 당신이 사무실이나 부엌의 식탁에서 적어도 어느 정도 시간을 가지고 그들이 제공한 정보를 자세히 살펴볼 것임을 알고 있다.

우리는 어떤 정보가 얼마나 중요한지에 대해 끊임없이 판단을 내리고 있지만, 시간을 갖고 그 문제에 대해 생각해본 적은 없다. 의식적인 커뮤니케이션이 이 책 전반의 일관된 주제인 만큼, 이제는 당신이 접하게 되는 다양한 유형의 정보를 읽는 방법에 대해 어느 정도의 가치 판단을 내리는 시간을 가져보기 바란다.

이미 삶의 여정을 어느 정도 거친 당신에게는 습관적으로 사용하는 읽기 스타일이 있을 것이다. 천천히 글을 읽는 사람들은 대개 각각의 단어를 하나하나 읽는 경향이 있으며, 재빨리 훑으면서도 같은 양의 정보를 기억하는 사람들의 능력에 놀라워한다.

자신의 자연스런 스타일을 갑자기 그만두기는 어려울 것이다. 하지만 접하는 정보의 종류에 따라 그때그때 읽는 방식을 바꿔보려고 노력해야 할 필요는 있다. 이번 주의 판매 현황과 같은 중대한 정보를 접할 때는 '흡인력'의 수준을 높이고, 여가를 위해 가볍게 책을 읽을 때는 그 수준을 낮추는 식으로 말이다.

 실전과제: 요약문을 작성하는 훈련을 하라

시간에 쫓기는 대부분의 관리자들은 '요약 보고서'나 보고서의 첫 부분에 제시된 한두 페이지의 제목에서 필요한 정보를 취득하는 방법에 의존하게 된다. 읽는 데 주의 집중이 잘 되는 시간을 택해 그 내용을 대여섯 가지의 핵심으로 정리해본다. 단, 이때 중요한 사실이 하나라도 빠져서는 안 된다.

이러한 연습을 해두면 아주 유용할 것이다. 이를 통해 당신은 읽은 내용에 정신을 집중하여 꼭 필요한 핵심을 기억할 수 있다. 뿐만 아니라 요약문을 작성하는 연습이 되기도 한다. 요약문을 잘 작성할 수 있으면, 차후에 특정 주제에 대한 당신의 아이디어를 발표해야 할 때 큰 도움이 된다.

우리는 실제 상황에서 무엇을 읽을 것인가에 대한 의식적 판단의 횟수를 증가시킬 필요가 있다. 적당한 실례를 하나 든다면, 이 점을 더 명확히 이해할 수 있을 것이다.

당신은 아주 중요한 취업 면접에 약속 시간보다 10분 정도 일찍 도착했다. 안내원은 기다릴 장소를 안내해주고, 다양한 시사 문제에 대한 토론이 면접의 일부가 될 것임을 이야기해주었다.

바로 앞 테이블에 신문이 놓여 있다. 면접을 기다리는 동안 당신은 1면의 모든 내용을 읽거나, 제목과 도입부를 읽어 적어도 신문 내용의 3분의 2를 파악할 수 있다. 당신이라면 어떤 선택을 하겠는가?

이제까지 언급한 내용을 염두에 두고 있다면 당신은 되도록 많이 읽는 편을 택할 것이다. 이 말은 곧 당신이 어떤 방법으로 그 많은 기사들을 읽을 것인가에 대해 생각할 필요가 있다는 뜻이다.

언제 읽을 것인가

먼저 우리는 두 가지 요소를 염두에 두어야 한다. 첫째는 양에 관한 문제이다. 얼마나 많은 양을 읽고 싶은가? 둘째, 당신의 생활 방식은 어떠한가? 그 생활 방식은 당신의 새로운 전략에 적합한가? 너무 규칙에 얽매이는 것 같다면, 과거 좋은 취지로 시작했던 계획들에 대해 한번 생각해보라. 무엇이 당신의 포부를 실현하는 데 방해가 되었는지 자문해보는 것이다.

읽기를 위해 '코어 타임' 과 '보너스 타임' 의 두 가지 시간대를 생각해보자. 그러면 이 규칙에 따라 시간을 계획하는 것이 훨씬 더 수월해질 것이다.

'코어 타임' 은 한번 정해져 변하지 않는 시간대를 말한다. 미리 시간을 정해 두고 그 시간은 무언가를 읽기로 '예약' 해두는 것이다. '매주 일요일 아침 10시 30분에서 11시 30분까지 한 시간 동안은 내가 좋아하는 신문을 읽겠어.' 라고 정하는 식이다. 앞에서도 잠시 언급했듯 시작 시간과 종료 시간이 정해져 있으면 집중하는 데 도움이 된다.

'보너스 타임'은 지하철을 타고 있는 동안, 아침식사를 하는 동안, 동료를 기다리는 시간 등 예기치 않게 주어진 몇 분의 소중한 시간을 말한다.

현실적으로는 코어 타임의 연장이 보너스 타임이 될 수도 있다. 좀 더 조사가 필요하다고 판단되는 기사를 발견하게 되면 정해진 시간인 11시 30분을 넘기거나, 오후에 따로 시간을 만들 수 있는 것이다.

이 원칙을 근무를 하는 평일에 적용할 수도 있다. 매일 아침 코어 타임 15분을 활용해 사보 혹은 인트라넷 사이트에서 최근 정보를 입수하거나 또는 관련 업계지를 읽겠다고 결심할 수도 있는 것이다.

이런 식으로 살다가는 미쳐버릴 것 같다면, 이것을 명심하자. 첫째, 이는 당신 자신을 위한 일이라는 것이다. 당신의 지식을 늘리고 당신이 보다 많은 정보를 입수하는 데 도움을 주기 위한 방법이다. 둘째, 이 코어 타임 · 보너스 타임을 이용한다고 당신의 평생을 읽기에 투자해야 하는 건 아니다. 읽기에 할애하는 시간이 일주일에 한두 시간에 불과할 수도 있다.(그리고 경우에 따라 이 방법은 당신이 이미 확립해놓은 읽기의 방법을 대체하는 것이 아니라, 보충하는 것이 될 수도 있다.) 끝으로, 목표를 달성한 자신에게 보상을 해줄 수 있는 방법을 찾아야 한다. 그러면 이 경험에서 오는 만족감이 증대될 것이다. 제대로 뽑은 커피 한 잔과 신선한 크루아상으로 일요일 아침의 코어 타임을 마무리해보면 어떨까?

요약

3장에서 우리는 읽기가 커뮤니케이션의 중요한 요소이며, 우리가 지식을 얻을 수 있는 일차적인 수단이 된다는 것을 인식했다. 이와 함께 읽기에 소요되는 시간의 양과, 시간이란 극히 제한된 필수품이므로 무엇을 읽을 것인가를 선택해야 한다는 사실도 알게 되었다. 읽기를 통해 얻고자 하는 것이 무엇인지 스스로에게 몇 가지 기본적인 질문을 던져본다면 이와 관련된 결정을 내리는 데 도움이 될 것이다. 특정한 주제에 관해 더 많은 지식을 갖기를 원하는가? 일상적인 대화에서 폭과 깊이를 더하고 싶은가? 대중매체와 연예 분야의 최신 정보를 얻고 싶은가? 분명 당신은 이 모든 것을 골고루 원할 것이다. 무엇을 읽을 것인가를 두고 의식적인 결정을 내리면, 읽는 행위에서 더 많은 것을 얻을 수 있다.

객관적인 상태에서 의식을 집중하면 당신은 다양한 내용의 글을 읽는 방법에 대해 판단을 내릴 수 있게 된다. 동료들과 함께 논의할 필요가 있는 주요 보고서는 정신을 집중하는 노력을 기울어야 할 것이다. 여기에는 앞서 요약 보고서 연습에서와 같이 중요한 내용을 메모해두는 것도 포함된다. 이와 반대로, 이번 주에 상영되는 영화를 살펴보거나 색다른 음악평을 찾아내려면 한 번 훑는 것만으로도 충분할 것이다.

우리는 이번 장에서 무언가를 읽을 시간에 대해 전반적으로 살펴보았다. 이는 당신의 자연스러운 읽기 스타일에서 한층 발전한 보충적인 읽기 방법이라고 할 수 있다. 이러한 방법을 고안한 것은 당신이 선택한 주제에 대해 더욱 많은 정보를 얻도록 하기 위해서이다.

현재 우리가 살고 있는 세계는 풍부한 콘텐츠를 특징으로 꼽을 수 있다. 기술이 발전하면서 손쉽게 이용할 수 있는 미디어의 수가 증가하고 있으며, 우리는 이것들 모두를 정보와 오락거리를 주고받는 데 활용할 수 있다. 변하지 않은 것은 우리가 한 번에 한 가지 내용밖에는 읽을 수 없다는 사실이다.

실전과제: 인터넷으로 호기심 해결하기

인터넷이 등장하기 전에는 호기심을 해결하려면, 근처 도서관을 찾아가거나 서점에 들러서 관련 서적을 구입하는 등의 의식적인 노력을 기울여야만 했다.

이제는 하루 10분만으로도 이제까지 탐구해본 적이 없던 일반적 지식의 특정 측면에 대해 보다 많은 정보를 얻을 수 있게 되었다.

우선 당신이 신뢰하고 좋아하는 검색엔진을 찾아둔다. 그리고 지난 몇 달 동안 잠깐 동안이라도 당신의 호기심을 자극했던 모든 사항들을 목록으로 만든다. 세상을 움직이는 힘에 대해서도 한번 생각해본다. 정치, 종교, 가족의 가치와 문화, 현대사, 예술과 문학에 대해서도 탐구해보는 것이다. 인터넷에는 당신에게 통찰력을 제공할 수 있는 주제가 방대하다.

무엇보다 인터넷이 가진 가장 큰 매력은, 많든 적든 자신이 원하는 만큼만의 정보를 얻을 수 있고 관심 분야의 사이트를 '즐겨찾기'에 저장해둘 수 있다는 것이다.

가라사대

캐리 쿠퍼 — 교수

경영자들의 극히 잘못된 습관 중 하나는 눈앞에 놓인 것은 무엇이든 읽는다는 것입니다. 책상에서 집어 들고 읽기 시작하는 것이죠.

흔히 경영자들은 이메일을 읽고 우선순위에 상관없이 그때 그곳에서 바로 해결하려고 들죠. 사실 이런 행동은 다른 무언가를 회피하기 위한 수단일 수도 있습니다.

때로는 정말 하기 싫은데 어쩔 수 없이 해야 하는 일도 있을 것입니다. 그들은 그렇게, 하기 싫지만 해야 할 일을 처리하지 않고 눈앞에 있는 이메일로 구실을 만드는 것이죠.

신중하게 선택하라. 그리고 읽기는 즐거워야 한다는 사실을 잊지 말아라.

3장 엘리베이터 테스트

■ 읽기는 우리가 '사실' 을 흡수하는 데 반드시 필요한 것
  이며, 우리가 '의견' 을 형성하는 데 도움을 준다.

■ 우리에게는 읽을거리가 너무나 많다. 따라서 우선순위
  를 정하는 것이 무엇보다 중요하다.

■ 알아야 할 '필요성' 이 있는 것은 무엇인지, 그리고 '알
  고 싶은' 것이 무엇인지 생각하라. 읽을거리를 선택할
  때 이 두 가지 요소가 균형을 이루도록 하라.

■ 자신의 선택 기준을 항상 염두에 둔다. 그리고 의식적
  인 결정을 내린다.

■ 읽기를 '특별한' 활동으로 생각하라. 읽기를 위한 시간
  을 따로 정해둔다.

■ 무언가를 읽을 때, '중요도' 에 따라 '주의력' 수준을
  달리 적용하라.

4장

자신만의 개성적인 글쓰기 방법

어떻게 쓸 것인가

완벽하게 작성된 문서는 비즈니스 커뮤니케이션 전반에서 강력한 설득 수단이 된다. 따라서 좋은 글을 쓰는 기술을 배우는 것은 충분한 가치가 있다.

쓰기의 중요성에 대한 확신이 아직 없다면, 다음과 같은 측면에서 한번 생각해 보자. 당신이 누군가와 문자로 의사소통을 할 때 상대방이 받는 것은 두 가지이다. 먼저 수신자는 자료 혹은 정보를 받게 될 것이다. 그리고 당신 즉 발신자에 대한 가치 판단을 내리는 수단을 제공받게 된다.

중요한 것은 단순히 상대방이 읽게 되는 내용이 아니라, 상대방이 그 내용을 어떻게 해석하느냐이다.

이제부터 우리는 일상적으로 사용하는 다양한 유형의 문자로 된 커뮤니케이선 수단을 탐구하고, 각 유형의 유사점과 차이점을 살펴볼 것이다. 또 우리는 글을 쓸 때 어떻게 자신만의 개성을 확립할 수 있을지, 또 당신의 스타일을 상황에 맞게 어떻게 변용할 수 있을지에 대해서도 고찰해볼 것이다.

그리고 (아마 가장 중요한 부분이라고 할 수 있을) 5장에서는 광고업에서 특히 중요하게 생각하는, 글쓰기를 설득의 수단으로 활용하는 방법에 대해 분석해볼 것이다.

자신만의 개성적인 글쓰기 방법

앞부분에서 우리는 여러 커뮤니케이션 유형의 장단점을 살펴보고 당신이 어떤 유형에 속하는지 파악하는 과정을 거친 바 있다. 이 과정을 통해서 당신은 커뮤니케이터로서 가져서는 안 될 자질들을 고르지 않았다며 안심했을 수도 있고 훌륭한 자질을 제대로 갖추고 있는 다른 사람들을 보며 약간의 부러움을 느꼈을 수도 있다.

당신의 성격을 완전히 바꾸라고 종용하지는 않을 것이다. 하지만 글쓰기와 관련해서는 상대방에게 보이는 당신의 모습을 향상시킬 방법이 무수히 많다. 우리는 이것을 '자신만의 개성적인 글쓰기 방법' 이라 부르고자 한다.

 가라사대

크리스 브루스터 — 교수

'개성적인 글쓰기' 라는 아이디어가 마음에 듭니다. 저는 각자의 스타일을 개발하는 것이 가능하다고 확신합니다. 다만 상대방에 따라 여러 가지로 변용해야 한다는 사실은 기억해야겠지요.

지금은 학계에 몸담고 있지만, 과거 기자로 활동했던 경력은 제게 큰 도움이 되고 있습니다. 기자 생활을 통해 보다 쉽게 이해할 수 있는 글을 쓰는 방법을 배울 수 있었기 때문이지요.

학자들 중에는 일부러 이해하기 어려운 말을 사용하려고 하는 사람들도 있지만, 저는 평범한 동시에 직설적인 스타일을 개발하려고 노력하고 있습니다.

 ### 실전과제: 다른 사람의 글쓰기 특성을 분석하라

만약 당신이 시간을 내서 다른 사람의 쓰기 특성을 분석해본다면, 당신이 상대방에게 어떤 인상을 주는지 보다 명확하게 인식할 수 있을 것이다.

도서관에 가서 한 시간 동안 당신이 잘 모르는 작가의 책을 서너 권 무작위로 고른다. 각 책 중간에서 무작위로 선택한 한 단락을 읽고, 성별, 연령, 국적, 배경 등 작가에 대한 당신의 생각을 적어본다.

그 다음에는 당신이 그렇게 생각하게 된 이유를 적는다. 언어 사용 방식 때문이었나? 내용 자체 때문이었나? 아니면 작품의 어조에서 드러났는가? 이유를 다 적었으면, 책표지에 있는 작가 소개를 읽고 당신이 얼마나 정확한 판단을 내렸는지 확인해본다. 이것은 사람들이 우리들이 쓴 글을 어떻게 해석하는지 이해하는 아주 좋은 방법이다.

당신이 말하는 내용과, 문자로 의사소통을 할 때 당신이 사용하는 방법에는 당신이 어떤 사람인지가 담겨 있다. 따라서 멋진 조명을 받고 싶다면 문자로 전하는 커뮤니케이션 내용을 좀 더 의식할 필요가 있다.

앞부분에서 커뮤니케이션 유형을 결정할 때 제시했던 여러 가지 단어들과, 사람들이 당신에게 기대하는 모습이 무엇인지 다시 생각해보자. 이 과정에서 당신이 '사려 깊고 지적인 사람'이라는 결과가 나왔다면, 당신의 문장에도 그런 모습이 반영되어야 할 것이다. 만일 당신이 '여유 있고 창의적인 사람'으로 인식되고 있다면, 그때는 또 다른 방법을 취해 그런 모습을 전달할 수 있도록 해야 할 것이다.

당신의 개성을 생각할 때는 솔직함이라는 덕목의 균형을 잘 잡아야 한다.

당신의 글이 신문의 개인 소식란에 실리는 광고라고 생각해보자.

사람들은 자신이 가진 최고의 장점을 열거하면서도 어느 정도 솔직함을 보이는 사람들을 찾으려고 할 것이다. 만일 일이 잘 진행되어 서로 만나게 된다면, 브래드 피트나 제니퍼 로페즈를 닮았다고 했던 말들은 들통이 나버릴 가능성이 높다.(실제로 브래드 피트나 제니퍼 로페즈를 닮았다면 이야기가 다르겠지만 말이다.)

이와 마찬가지로 중년에 살이 찐 대머리라고 자신을 소개하는 것 역시 기회를 잡는 데는 도움이 되지 못할 것이다. 여성일 경우에는 특히 그렇다.

장점을 부각시키는 '선전'은 정계에서도 주된 전략이 되어가고 있다. 하지만 장점을 부각시키는 것과 거짓말을 하는 것은 엄연히 다르다.

 가라사대

피터 샌귀네티(Peter Sanguinetti), 브리티시 가스(British Gas) 사의 홍보부 전임 부장

선전은 우리 삶의 일부가 되었습니다. 선전을 할 때는 있는 사실들을 가능한 훌륭하게 전달하고 있는지, 아니면 사람들을 고의로 오도하고 있는지 판단하는 것이 중요합니다. 고의로 사람들을 오도하는 것은 비도덕적이고, 바람직하지 않으며, 경솔한 행동입니다. 그러한 행동은 나중에 들통이 나서 신용을 잃게 만들 가능성이 높지요.

자신만의 개성적인 글쓰기를 적용하는 방법

자신이 '누구'인지 아는 것은 중요한 일이다. 하지만 이와 더불어 우리는 우리 자신의 모습을 전달하는 방법 역시 숙지하고 있어야 한다. 많은 사람들이 자신

이 중요한 존재임을 부각시키기 위해 지나치게 애를 쓰는 함정에 빠지곤 한다. 커뮤니케이션 상황이 공식적인 경우에는 특히 그렇다.

이제는 상대방에게 깊은 인상을 주기 위해 더 이상 훌륭한 말이나 미사여구를 동원할 필요가 없다. 쉬운 말이 그 진가를 인정받고 있기 때문이다.

쉬운 말이 주는 혜택

다음의 예를 살펴보면, 쉬운 말이 왜 그토록 중요한지 알 수 있을 것이다.

일상적인 대화에서 '상기사항'이라는 말을 사용하는 사람은 없다. 그럼에도 구직신청서를 보면 놀라울 정도로 자주 이 말이 등장한다. '상기사항에 틀림없음을 확인합니다.'라는 말 대신 '위의 내용이 틀림없음을 확인합니다.'라고 하면 충분하다.

요즘에는 쉬운 말을 적절하게 사용하지 못하면 거만하고 잘난 척하는 사람으로 판단되기 쉽다. 난해한 언어를 사용하기로 유명한 법조계조차도 이러한 변화를 맞고 있는 실정이다.

데이비드 하퍼(David Harper)는 일류 법률 회사인 로벨스(Lovells) 사의 인사 관리부 부장이다. 그는 난해한 법률 문체(일부 변호사들이 여전히 사용하고 있는 구식 언어)를 사용하는 것은 시대에 뒤떨어지는 일이라 생각한다. 그는 이런 말을 고집하는 사람들을 거칠게 비판하면서, 사람들이 계속해서 어려운 말을 사용하는 주요 원인으로 다음의 세 가지를 꼽는다.

■ **불안감** ─ 자신이 말하는 내용에 대해 충분히 알고 있다면, 미사여구로 청중을 혼란스럽게 하기보다는 알아듣기 쉬운 언어를 사용할 것이다.

- **거만함** — 해당 이슈들이 평범한 사람들이 이해하기에는 너무나 복잡하고 어렵기 때문에 전문가들만이 사용하는 어려운 말이 필요하다고 생각한다. 하지만 대개 사람들은 이 때문에 잘못된 인식을 하게 된다.
- **불확실함** — 명확하게 사고하지 못하면 말이 장황해진다. 자신이 무슨 말을 하고 있는지 잘 모른다는 사실을 장황한 말로 은폐하려 애쓰는 것이다.

데이비드 하퍼는 커뮤니케이션에 훨씬 단순하고 현실적으로 접근해야 한다고 주장한다. 로벨스가 '플레인 잉글리시 어워드(Plain English Award, 간결하고 쉬운 영어를 쓰자는 운동을 벌이고 있는 단체 '쉬운 영어 운동본부' 가 모범적인 개인이나 단체에게 매년 주는 상 — 옮긴이)' 를 수상한 것도 이 때문일 것이다.

쉬운 말의 기본

다음의 힌트와 비법들은 '쉬운 말' 을 보다 적절히 사용하는 데 도움을 주고자 고안된 것이다. 쉬운 말은 문자를 이용하는 모든 매체에 사용될 수 있으며, 또 사용되어야 한다. 더불어 이러한 원칙은 상대방이 누구인가와는 상관없이 적용된다는 것을 유념해야 한다. 상관에게 글로 의사를 전달할 때는 어려운 단어나 복잡한 문장을 사용하고 싶은 유혹을 받기도 하겠지만(상관에게 강한 인상을 주고 싶다는 욕심 때문에), 이러한 충동은 자제해야 한다. 당신의 의중을 꿰뚫고 있는 상관에게는 그 모습이 어리석어 보일 것이기 때문이다.

중요한 일은 제일 먼저 해야 하는 법이다. 글을 쓸 때는 어떤 종류든 제목부터 시작해야 한다. 이메일을 쓸 때도 마찬가지로 제목부터 써 넣는다. 제목에 공을 들이면 어떤 효과가 있을까? 제목을 잘 잡으면 읽는 사람의 주의를 끌어 본문이 어떤 내용인지 관심을 가지게 할 수 있다. 이때 당신은 '사실에 입각한' 제목이나 '호기심을 자극하는' 제목을 사용할 수 있는데, 이를 선택할 때는 신중해야한다.

'사실에 입각한' 제목은 단순히 본문의 내용을 요약할 수 있는 가장 간단한 형태의 단어들로 구성된다. 이메일은 이러한 방식으로 제목을 짓는 연습을 할 수있는 아주 좋은 수단이다. 받은 편지함에 메일이 도착했을 때 수신자가 처음 보는 것은 제목의 단어 대여섯 개이기 때문이다. 바로 이 때문에 우리는 이메일의제목을 지극히 간명하게 적게 되는데, 아래의 사례를 통해 그 효과를 한번 확인해보자.

굿 스토리: 보다 적은 것이 보다 많은 것이다

단어 수가 적은 것이 많은 것보다 훨씬 더 큰 영향력을 가지는 경우가 있다. 한 철학과 학생의 이야기만큼 이에 딱 들어맞는 사례도 없을 것이다. 그는 다른 학생들과 함께 강의실에서 시험을 치르고 있었다. 학생들이 풀어야 하는 문제는 '위험이란 무엇인가?' 였다.

다른 학생들은 연필을 물어뜯거나 눈썹을 찌푸리거나 맹렬하게 답안지를 써나가는데, 그 학생은 조용히 답을 적고는 일어나서 강의실을 나갔다.

감독관은 호기심에 차서 답안지를 거두러 왔다.

그 답안지에는 단 세 마디만이 적혀 있었다.

'바로 이런 행동.'

'호기심을 자극하는' 제목에는 질문이나 말장난, 수수께끼 등이 들어 있다. 이방법들의 공통적인 목적은 수신자가 더 많은 내용을 알고 싶어 하도록 유도하는것이다. 전략이 제대로만 실행되면, 이러한 유형의 도입은 상당히 효과적일 수있다. 하지만 읽는 사람을 실망시키지 않도록 당신의 약속을 이행하는 데에도 주의를 기울여야 한다. 제목에 '공짜 맥주!'라고 해놓고 정작 본문에서는 다른 이야기를 하는 구식 수법은 읽는 사람의 화만 돋울 뿐이다. 우리가 받는 스팸 메일 대부분이 바로 이런 함정을 이용하고 있다. 우리는 허풍으로 관심을 끌려는 꼴 보기 싫은 이런 메일에 너무나 익숙해져 있어서 이제 웬만하면 메일 자체를 열어보려고도 하지 않는다. 제목의 '약속'이 지켜질 리 만무하다는 사실을 너무도 잘 알고 있기 때문이다.

좋은 스토리를 쓰는 방법

BBC에서는 기자들을 훈련시킬 때 제목에서 너무 자세한 내용을 알려주는 일은 피하라고 가르친다. 또 스토리의 기본적 내용은 네댓 단어로 요약되어야 하며, 어떤 설명도 두 줄 이상으로 늘어나지 않을 것을 권장한다.

그들이 제시하는 황금률은 다음과 같다.

■ 스토리를 돋보이게 하라.(단, 실망할 수 있으니 지나친 과장은 피한다.)
■ 은어나 상투어의 사용은 피한다.
■ 지나치게 애매한 내용이 되어서는 안 된다.(모든 독자들이 똑같은 방식으로 생각하지 않는다는 사실을 유념하라.)

서론, 본론, 결론의 형식을 갖추는 것 외에도, 좋은 스토리를 만들어내기 위해서는 몇 가지 기본적인 규칙을 적용해야 한다.

- **퇴고** ─ 똑같은 내용을 단어만 바꾸어 이야기하는 것을 동어 반복이라 하는데, 이는 글을 쓰는 사람에게나 읽는 사람 모두에게 시간 낭비이다. 반복을 피하고 명확하면서도 효율적인 어구를 사용하여 메시지를 전달하도록 한다. 글이 완성되면 다시 읽어보고 쓸데없는 말은 삭제한다. 단, 메시지의 흐름은 유지해야 한다. 시간에 쫓기는 사람들은 당신이 명확한 사고력을 갖춘 효율적인 커뮤니케이터란 사실에 감사하게 될 것이다.

- **글의 흐름** ─ 한 단락에서는 한 가지 주제만 다루어야 한다. 다시 말해, 핵심 개념에서 시작하여 그것을 뒷받침하는 한두 문장을 전개시킨 다음 끝부분에 가서는 다음 단락의 주제를 예상할 수 있는 암시를 주어야 한다는 것이다. 이러한 방식을 이용하면 각각의 단락이 논리적 흐름에 따라 전개되는 조리 있는 스토리가 될 것이다. 글의 구성에 대해 한 가지 조언을 더 하자면, 글머리 기호와 번호를 사용하라는 것이다. 웹 페이지를 작성할 때 이는 특히 중요한 요소이다. 인터넷 사용자들이 시간과 인내심을 들여 긴 단락의 내용을 공들여 읽는 것은 드문 일이기 때문이다.(인터넷상의 글쓰기 방법에 대해서는 뒷부분에서 더욱 자세히 다룰 것이다.)

- **스타일** ─ 능동태가 수동태보다 낫다. 이 말은 문장에서 '주체'가 행위 앞에 나와야 한다는 의미이다. 다음의 예를 살펴보자.
  '대통령은 거리 범죄에 강력히 대응할 것을 요구했다.'
  이 문장을 똑같은 의미를 가진 수동태로 바꾸면 다음과 같다.
  '범죄에 대한 강력한 대응이 요구된다고 대통령이 말했다.'
  능동태를 사용하면 독자들이 보다 역동성을 느끼게 되고 관심을 갖게 된다.
  끝으로, 되도록 짧은 문장을 사용하도록 하라. 짧은 문장을 사용해야 독자가 관련 사실을 빠르고 쉽게 파악할 수 있다.

쉬운 말이 중요하다는 것은 비단 언론 분야에만 국한되지 않는다. 전달하고자 하는 바를 간략하게 표현할 준비만 되어 있다면 우리는 비즈니스의 모든 측면에서 쉬운 말의 혜택을 입을 수 있다. 아래 제시된 예는 BBC에서 쓸데없는 말을 생략하는 시도를 어떻게 시작하게 되었는지를 들려주고 있다.

 전문가 발언대

러셀 그로스먼 ― BBC

'헛소리 퇴장' 카드는 2002년 2월에 도입된 것입니다. 그렉 다이크(Greg Dyke, 전 BBC 회장)는 열렬한 축구 팬이죠. 그래서 우리는 축구 심판처럼 옐로카드를 사용해보자는 아이디어를 생각해냈습니다. '헛소리는 집어치우고 실제적 성과를 이루라.' 라는 문구를 넣었죠.

그렉은 각 부서장들에게 보다 뛰어난 창의력과 협력적인 업무 환경을 권장하는 방법을 설명할 때 이 카드를 활용했습니다. "제가 '헛소리 퇴장' 이라는 특별한 카드를 만들었습니다. 원한다면 누구든 이 카드를 사용할 수 있습니다. 가령 회의 분위기가 너무 억압적이라 창의력을 표현할 수 없다고 생각되면 이 카드를 내보이는 겁니다."

그 카드가 효과를 거두게 된 데는 '헛소리' 라는 단어를 사용한 것이 일조를 했습니다. 사람들은 이 말을 들으면 적어도 긴장은 하게 되지요. ― 『인디펜던트』지에 따르면 이 말(crap)은 가장 공격적인 영어 단어 27위라고 합니다 ― 하지만 이 단어를 통해 우리는 쉬운 말을 사용하고 싶다는 메시지를 전달하기도 했습니다.

예를 들면, '작업은 내일 개시한다' 라는 메모는 '일은 내일 시작한다' 로 바꿀 수 있습니다. '프로젝트 운용' 보다는 간단히 '작업 진행' 이라고 표현하고, '물품을 조달하다' 대신 아주 일상적으로 쓰이는 '사다' 라는 표현을 쓰라는 것입니다!

헛소리 퇴장 카드라는 행동 기준을 사용하게 되자 BBC의 모든 직원들은 말하고 글을 쓸 때 좀 더 직접적이고, 격식을 차리지 않게 되었으며, 의사를 솔직히 전달하게 되었습니다. 그 결과 의사소통이 원활해졌고, 관료주의의 압박도 줄어들었으며, 사람들이 전달하는 바를 폭넓게 이해하게 되었지요.

어떤 사람들의 경우에는 쉬운 말이 자연스럽게 나오지가 않는다. 이들은 쉬운 말이 주는 혜택을 믿고 있지만, 막상 실행하지는 못한다. 여기 뭔가를 오해하고 있는 한 비즈니스 리더도 그렇다.

은행 및 금융 서비스 분야에서 사용되는 언어가 일반인들에게는 상당히 불투명하고, 불가해하고, 접근성이 없다고 생각합니다. 그리고 그러한 언어의 간결성과 투명성을 높이려는 거대한 동인이 있어 왔습니다.

이는 '말을 좀 더 쉽게 하자.' 는 내용을 아주 장황하게 표현한 것이다.

글의 맥락

글의 형식과 관련해 어떤 사항들이 용인될 수 있느냐는 시간이 지나면 바뀌기 마련이다. 나이 든 동료들이 훌륭한 문법이 파괴되는 것에 한탄하고, 콜론과 세미콜론을 구분해 쓸 줄 아는 세대가 사라져가는 것에 대해 탄식을 늘어놓는 것은 당연한 일이다.

우리는 글 쓰는 것을 디자인이나 패션과 동일한 관점에서 바라봐야 한다. 문장은 시대의 산물이며, 사회 전체의 사고방식이 변하면 문장도 변한다.

이메일은 글쓰기에 큰 영향을 미치고 있다. 이메일의 규칙이나 장점이 따로 정해져 있는 것은 아니다. 이메일은 나름대로 일종의 글쓰기 양식으로 발전하여 서신과 전화 통화의 중간 위치를 차지하고 있다. 그 결과 모든 형태의 문자 커뮤니케이션은 보다 덜 형식적이고 규칙이나 규정에 덜 제약을 받게 되었다.

당신은 글쓰기에서 모든 것이 용납된다고 믿을 수도 있다. 하지만 그렇지는 않다.

글쓰기 기본 규칙

문서의 형식

불과 1세기 전만 해도 사무실에서 제대로 문서 작성을 할 수 있었던 사람은 비서뿐이었다. 하지만 지금은 사용자 친화적이면서 세심한 워드 프로세스 덕분에 누구라도 문서를 작성할 수 있다. 하지만 여기에는 부정적인 면도 있다. 문서 기획이나 형식과 관련된 내용을 독학할 수밖에 없다는 것이다. 그 결과 사람들이 문서를 작성하는 양식은 최소주의부터 화려함을 지향하는 것까지 천차만별이다.

많은 대기업들은 이러한 스타일에 관해 지침을 정해두고 있다. 특히 회사의 로고가 서류에 포함될 때는 그 지침에 더욱 유의해야 하며, 외부로 메일을 발송할 때 권장하는 글자체와 글자 크기를 정해놓은 경우도 있다.(이러한 정보는 반드시 확인해두어야 한다.)

만일 회사에 아무 지침도 마련되어 있지 않다면, 기본에 충실할 수 있는 다음의 조언들을 귀담아 듣는 것도 좋다.

당신은 문서가 화려할수록 읽힐 가능성이 높다고 생각할지도 모른다. 하지만 대부분의 경우는 그 반대이다. 당신은 공들여 작성한 화려한 글에서 사람들이 눈을 돌리지 않길 바랄 테지만, 화려한 형식이 충실한 내용의 콘텐츠를 대신할 수 있다고 생각하는 사람은 드물 것이다.

항상 '일관성'을 염두에 둔다. 글자 크기와 글자체가 바뀌면 조잡하고 산만해 보인다. 그런 글을 읽는 사람들은 당신이 글을 보내기 전에 다시 한 번 확인해볼 마음이 없었다고 생각할 수 있다.

통일성을 유지하라. 진한 글씨나 이탤릭체를 사용할 때는 반드시 합당한 이유가 있어야 한다. 예를 들어, 소제목을 진하게 해서 새로운 소단락을 표시할 수 있을 것이다. 그러면 읽는 사람은 이를 문서 전반에 대한 안내 표지로 삼아, 내용을 더욱 쉽게 이해하고 소화할 수 있게 된다.

짧은 문장을 사용하라. 광고 회사 카피라이터의 노트 한 장을 뜯어 읽어보면, 문장을 간결하게 함으로써 핵심을 보다 효과적으로 전달할 수 있다는 사실을 금방 알 수 있을 것이다. 일반적인 믿음과는 반대로, 문장이 짧다고 해서 당신이 장황하게 말이 많은 동료보다 덜 똑똑해 보이는 일은 결코 없다. 오히려 그 반대이다.

보고서를 읽는 사람은 항상 여백을 기대한다. 사람들은 글자가 빽빽하게 메워진 엄청난 단락을 만나면 곧바로 보고서를 덮어버리기 십상이다. 문서를 작성할 때는 항상 단락 사이에 충분히 간격을 두어야 한다. 기호나 도형, 삽화 역시 글과 여백을 조정하는 데 유용하게 사용될 수 있다.

마지막 단락의 핵심을 증명하기 위해 문서 형식과 관련된 조언들을 기호를 사용해 요약하면 다음과 같다.

- 지나치게 꾸미지 마라.

- 일관성, 일관성, 일관성을 지켜라.

- 통일성을 유지하라.

- 짧은 문장을 사용하라.

- 여백을 활용하라.

구조

글의 구조는 주된 목적이 무엇이냐에 따라 달라진다. 보고서와 이메일은 엄연히 다른 종류의 글이다. 하지만 어떤 종류의 글을 쓰든 당신이 항상 고려해야 할 공통적인 사항이 몇 가지 있다. 사실 글은 어떤 종류든 사람들이 보다 쉽게 읽을 수 있도록 구성되어야 한다. 그래야 독자가 당신이 하는 말을 받아들일 가능성이 보다 높아지기 때문이다.

우선 본문 내용으로 들어가기 전, 초반에 독자의 기대감을 불러일으키면 큰 도움이 된다.

예를 들어, 다음과 같은 형식이 있을 수 있다. '본 보고서는 현재의 직원 평가 정책에 대한 개요, 이 쟁점에 관해 최근 실시한 직원 설문조사 결과 그리고 추천 변경 사항 등의 세 부분으로 이루어져 있다.' 혹은 '금요일 회의 이전에 여러분의 의견을 듣고자 이 메일을 보냅니다.' 와 같이 상대방의 행동을 요구하는 경우가 있을 수 있다.

두 가지 사례 모두 읽는 사람이 어떤 내용이 나올지를 처음부터 바로 짐작할 수 있게 한다.

시작 부분에서는 대개 중요한 정보를 전달한다. 보고서를 쓸 때는 시작 부분을 요약 보고서 형태로 작성하는 것이 좋을 것이다. 이메일과 같이 덜 형식적인 커뮤니케이션의 경우에는 시작 부분에 기호를 사용하여 목록 형태로 내용을 요약할 수도 있을 것이다.

이메일을 마무리할 때는, 본문의 핵심과 기대하는 조치를 중심으로 간략하게 결론을 구성하는 것이 좋다.

이렇게 문서 작성에 활용할 수 있는 구조가 완성되면, 다시 시작 부분으로 돌아가 이 구조가 논리적 순서를 따르고 있는지 확인해볼 필요가 있다. 각 부분을 이러한 순서로 배치한 이유에 대해 곰곰이 생각해보고, 군더더기 정보를 포함하지 않았는지 반드시 확인하도록 한다. 본문 내용 다음에는 참고 내용과 같은 추가적인 배경 설명을 언제든 배치할 수 있다는 점을 기억하라. 그러면 원할 경우 더 깊이 탐구할 수 있는 선택권을 독자들에게 제공하게 된다.

어조

글쓰기에 관해 이야기하면서 어조를 언급하다니 이상하다고 생각할 수도 있을 것이다. 하지만 어조는 글에 생명력을 불어넣는 아주 중요한 요소이다. 우리가 이미 살펴보았듯 커뮤니케이션을 통해 인간관계가 형성된다는 점을 상기한다면, 이러한 세세한 부분에까지 주의를 기울이는 일은 더욱 중요해진다.

컴퓨터 화면을 보고 자판을 두드릴 때, 당신의 머릿속에 존재하는 '목소리'가 있다. 그리고 당신의 메시지를 받는 상대방 역시 이 목소리를 느낀다. 옛날 영화에서 어떤 인물이 편지를 읽는 장면을 보면 그 편지를 보낸 사람의 목소리가 화면에서 들리는 것처럼 말이다.

이것을 스타일과 혼동하지 말기 바란다. 어조는 '분위기'와 더 관련이 있다.

상대방이 메시지를 읽을 때, 당신은 메시지가 작성 당시의 느낌을 정확하게 반영하기를 바랄 것이다.

- 직원에게 보내는 감사 메모는 진정으로 감사하는 마음을 담아야 한다.
- 공급업체에 보내는 불만 서신에는 사안의 심각성을 반영할 필요가 있다.
- 사업 입찰이나 광고 기회를 요청할 때는 사업과 관계된 합리적 실리를 제시해야 한다.
- 팀의 슬로건은 진정으로 열의를 불러일으킬 수 있어야 한다.

맞춤법과 문법

글쓰기의 기준이 전보다 완고하지 않다고 해서 맞춤법이나 문법에 신경을 쓰지 않아도 된다고 생각한다면 오산이다. 앞서 언급했듯이, 당신의 메시지를 받는 사람은 그것을 해석한다. 그들은 당신이 전달하려는 내용뿐만 아니라 발신자에 대해서도 함께 판단을 내리는 것이다.

맞춤법 검사 기능은 이제 사람들이 일상적으로 이용하는 기능이다. 문서가 도착했을 때 오류가 포함되어 있으면(비록 그것이 한 건의 이메일에 불과하다 해도) 수신자는 당신이 모자라다거나 국어 시간에 졸았다는 식으로 생각하지 않는다. 그것은 당신이 메일을 보내기 전에 다시 한 번 검토하지 않았을 정도로 그 메일을 하찮게 취급했다는 뜻이 된다.

가라사대

케이 윈스퍼(Kay Winsper) ─ 마이크로소프트 영국 지사 인적자원부 부장

맞춤법에 오류가 있는 문서를 받게 되면 사람들은 어느 부분에 집중하게 될까요? 사람들은 발신자가 뭔가 오류를 저질렀다는 것에 주의를 집중하게 됩니다. 문서 작성자 자신으로 인해 전하려는 모든 메시지가 사라져버리는 것이지요. 따라서 저는 맞춤법 검사는 반드시 해야 한다고 생각합니다. 검사를 하지 않으면 성의 없고 조잡한 문서로 보이게 됩니다.

맞춤법 검사 기능은 훌륭한 발명품이긴 하지만, 그것은 당신이 이미 써놓은 내용만을 '검사'할 뿐 당신의 마음까지 읽지는 못한다. 이 말은 곧, 맞춤법은 올바르지만 실수로 엉뚱하게 써넣은 단어는 검사 기능이 찾아내지 못한다는 뜻이다. 한 고위 경영진이 자신의 경영팀에게 들려주는 다음의 일화를 보면 이 단락의 핵심이 명확히 드러날 것이다.

굿 스토리: 항상 맞춤법을 확인하라

제가 기술공포증을 가지고 있는 것으로 명성이 높다는 것은 익히 잘 알고 있습니다. 그런 제가 지금은 이메일 활용 과정을 이수하고 이용 가능한 모든 기능들에 완전히 정통했다는 사실을 알면 놀랍겠죠. 그런데 맞춤법 검사 기능을 사용할 때 주의해야 할 사항이 있다는 것을 알고 있습니까?

지난주 저는 재무부 부장에게 이메일을 보냈습니다. 연말 결산이 가까워지면서 예산에 부합하지 못한 상당한 '지출 미달(under spend)' 사태에 대해 심각하게 우려하는 내용이었습니다. 그리고 서두르느라 재빨리 맞춤법 검사를 하고 보내기 버튼을 눌렀습니다.

그런데 재무부 부장이 진심이냐며 답장을 보내왔더군요. 제가 보낸 메일을 다시 읽었을 때 이렇게 씌어 있는 걸 보고 경악할 수밖에 없었죠.

그레이스 부장님,

　시급한 안건으로 회의 일정을 잡고자 하니 연락 바랍니다. 제가 큰 속옷 (underpants)을 몇 개 가지고 있다는 것을 알게 되었어요. 우리 두 사람 모두 심각한 곤경에 빠질 수 있는 상황입니다.

핵심을 파악했다면, 이 이야기의 사실 여부는 중요하지 않다.

　문법과 관련해서는 컴퓨터의 문법 검사 기능에 의존하기보다는 자신이 더욱 관심을 기울이고 공을 들이는 편이 훨씬 나을 것이다. 문법은 맞춤법보다 훨씬 주관적이기 때문이다. 물론 변하지 않는 엄격한 규칙들도 있기는 하지만, 해석의 융통성이 존재하는 경우가 많다.

　자신이 쓴 모든 문장을 컴퓨터가 제시하는 대안으로 바꾸게 되면 본래 전달하고자 했던 느낌이 바뀔 수 있다. 물론 컴퓨터의 조언을 참고하지 말라는 이야기는 아니다. 다만 항상 컴퓨터가 제시하는 대안을 선택해야 한다는 의무감은 가지지 말라는 것이다.

　자신의 글쓰기 스타일을 향상시키는 데 좀 더 공을 들이고 싶다면, 대학에서 마련하는 여러 가지 강의가 도움이 될 것이다. 자신이 사용하고 있는 잘못된 문법을 바로잡을 수 있고, 더불어 창의적인 조언도 얻을 수 있다. 혹은 고용주가 마련한 멘토 프로그램에 참여하고 있다면, 글쓰기 스타일을 향상시키는 것을 하나의 목표로 삼을 수도 있을 것이다.

이 내용이 어떻게 보일 것인가

목수의 법칙

어떤 분야에서든 오랜 시간 실력을 쌓아온 장인은 귀한 존재이며, 옛날 사람들은 고통을 감내하면서 이들의 기술을 익히려는 경향이 있었다. 이들의 기술은 실용적이기만 한 것이 아니었다. 이들의 기술에는 도제들에게 황금률을 일깨워 주던 짧은 경구들이 따라다니곤 했던 것이다.

전통주의자 목수인 재코(Jacko)는 우리에게 이러한 지혜를 나누어 주었다. '두 번 재보고, 한 번 자른다.' 이 말의 뜻은 간단하다. 통나무에 톱질을 하기 전에 원하는 길이를 확인하고 또 다시 한 번 확인한다는 것이다. 일단 나무를 자르고 나면 돌이킬 수 없기 때문이다. 당신이 발송하고자 하는 모든 문서에 이와 동일한 재확인의 법칙을 적용해보라. 곧 많은 발전을 목격하게 될 것이다.

자신이 작성한 문서를 다시 읽어보면 맞춤법과 문법의 오류를 살펴볼 수 있는 기회가 생긴다. 또 자신이 전달하고자 하는 내용이 제대로 표현되어 있는지도 확인해볼 수 있다. 논리적인 순서를 갖추고 있는지, 이치에 맞는지, 명확하면서도 이해하기 쉬운지 확인해볼 수 있는 것이다. 또 당신이 전달하고자 하는 바를 받는 사람이 한눈에 파악할 수 있을지에 대해서도 생각해볼 수 있다.

중요한 글을 작성할 때 활용할 수 있는 조언 두 가지를 더 소개하면 다음과 같다. 첫째, 말하고 싶은 내용이 제대로 전달되는지 확신이 없다면 큰 소리로 소리 내어 읽어본다. 바보 같은 소리로 들린다면 실제로 그럴 가능성이 크다. 둘째, 훨씬 더 객관적인 견해를 원한다면 내용을 인쇄한다. 같은 내용이라도 화면에서 보는 것과 인쇄해서 보는 것에 큰 차이가 난다는 것을 느낄 수 있을 것이다.

마지막으로 당신이 쓴 글은 공손해 보이는가? 상대방을 존중하고 있다는 것이 느껴지는가?

다음은 글을 쓸 때 염두에 두어야 할 금기사항 목록이다.

- 사전 사용을 절대 두려워하지 말아야 한다.(온라인에도 좋은 사전이 많다.)

- 적어도 한 번은 읽어봐라. 읽지 않고 문서를 보내는 일은 절대 없어야 한다.

- 받는 사람의 이름을 틀리는 것은 절대 안 된다.

- 맞춤법 검사를 빠뜨리는 일은 절대 없도록 한다. 컴퓨터가 발명되기 이전에 맞춤법 오류는 교육 수준이 낮다는 의미였다. 맞춤법 검사기를 활용할 수 있는 오늘날, 맞춤법 오류는 성의가 없다는 뜻이다.

- 자신의 자연스러운 스타일을 절대 포기하지 않으면서도, 똑똑해 보여야 한다. 당신이 똑똑하다면 그것은 어떻게든 드러날 것이다.

- 헛소리는 절대 금물이다.

- 받는 사람이 누구인지, 무슨 목적으로 보내는지 절대 잊어서는 안 된다.

- 절대 모호한 내용이 포함되지 않도록 한다.

 가라사대

잰 쇼(Jan Shawe) ─ 세인스베리 슈퍼마켓(Sainsbury Supermarkets Limited) 홍보부 이사

저더러 구식이라 할 수도 있겠지만, 훌륭한 문법 실력은 중요한 요소라고 생각합니다. 요즘에는 직접 이메일을 쓰는 고위 임원들이 많은데, 그들이 문서 작성 훈련을 따로 받지 않았기 때문에 전문 문서 작성자만큼 훌륭한 문서를 작성하지 못할 가능성이 있다는 것은 충분히 이해할 수 있습니다.

하지만 우리는 사람들을 전문성에 따라 판단합니다. 제대로 작성된 문서나 서신은 그 사람의 지적 능력이 뛰어나다는 것을 보여주는 경우가 많으며, 메시지도 명확하게 만들지요. 메시지의 명확성은 아주 중요한 부분입니다. 따라서 저는 심사숙고하여 작성한 메모는 정말로 중요하다고 생각합니다. 서론·본론·결론이 없는 조잡한 문서는 '도대체 이걸 쓴 멍청이는 누굴까?'라는 생각만 들게 할 뿐입니다.

요약

4장의 화두는 개성적인 글을 쓰는 방법을 확립하는 것이었다. 이를 위해서는 자신에 대한 인식 수준을 끌어올려야 한다. 앞부분에서 선택했던 다섯 개의 형용사를 염두에 두고, 상대방이 당신의 편지·보고서·이메일을 읽을 때 상대방에게 어떤 모습으로 인식되고 싶은지 항상 상기한다.

가능한 당신의 말과 글이 일치되도록 하라. 그러면 사람들이 다양한 커뮤니케이션 채널을 통하여 당신을 알아가는 동안, 당신의 신뢰성이 손상되지 않을 가능성이 높다. 솔직함은 중요한 요소이다. 하지만 도를 지나칠 수도 있으니 유의하라!

다른 것은 지키지 못하더라도 쉬운 말을 사용한다는 원칙은 반드시 고수해야 한다. 당신이 하고 있는 말을 이해하지 못하게 되면, 사람들이 당신에 대해 긍정적인 견해를 가질 가능성은 희박해지기 때문이다. 당신이 작성한 글의 느낌을 확인할 때는 '목수의 법칙'을 활용한다. 동시에 맞춤법과 문법이 정확한지 확인하는 것도 잊지 않는다. 마지막으로, 당신의 글을 읽을 상대방에게 관심을 가지고 그들이 글을 읽게 될 상황에 맞추어 어조를 조절한다.

 실전과제: 친구에게 편지 쓰기

4장에서 편지 쓰기에 대한 조언은 일부러 생략했다. 우편으로 공식적인 서신을 발송하는 일이 요즘에는 거의 없기 때문이기도 하고, (온라인이나 오프라인에) 편지 쓰기 형식을 가르쳐주는 안내서들이 이미 무수히 많이 나와 있기 때문이기도 하다. 또 그런 안내서들이 없더라도 컴퓨터 워드 프로그램이 제시하는 방법에 따라 편지를 쓸 수도 있다.

편지는 당신의 생각을 명료하게 표현하는 훌륭한 연습이 될 수 있다. 문법,

구두법, 쉬운 말 그리고 무엇보다 중요한 스토리텔링에 관해 생각해볼 수 있는 기회를 제공해준다.

그리고 개인적인 편지를 받는 사람이 거의 없는 요즘인 만큼, 편지를 받은 친구는 당신에게 정말 놀라운 반응을 보여줄 것이다.

- 문자 커뮤니케이션은 읽는 사람에게 정보뿐만 아니라 당신이라는 개인이 누구인지도 전달한다.

- 다른 사람이 당신을 어떻게 인식해주었으면 하는지 생각해본다. 당신만의 개성적인 글을 쓸 때 길잡이가 되어줄 것이다.

- 제목은 '사실에 입각한' 것이거나 '호기심을 자극하는' 것이어야 한다. 단, 어떤 방법을 사용하든 반드시 본문의 주요 내용과 '관련되어' 있어야 한다.

- 능동태가 수동태보다 사람들의 관심을 끌기가 쉽다. 주체를 행위 앞에 배치하라.

- 쉬운 말은 문자 커뮤니케이션에서 결정적인 요소이다.

- 읽기 쉬운 글을 만들려면 짧은 문장, 여백, 간결한 어구를 사용하라.

- 맞춤법과 문법은 중요한 요소이다!

- 목수의 법칙을 적용한다. 완성을 확신하더라도 글을 보내기 전에 모든 것을 두 번 이상 확인해야 한다.

5장

설득하기

설득⋯에 관한 진실

당신이 커뮤니케이션을 할 때 설득이 관련되는 경우는 얼마나 될까? 아마 '대부분' 일 것이다.

설득은 비즈니스의 가장 어려운 부분인 판매 영업에만 필요한 것이 아니다. 회의를 할 때나, 이메일을 쓸 때나, 전화 통화를 할 때도 누군가를 설득하는 상황은 항상 존재한다. 우리는 언제나 다른 사람들이 우리와 같은 방식으로 생각하게 하려고 한다.

설득은 너무나 중대한 부분이다. 따라서 우리는 5장 전체를 할애하여 어떻게 하면 설득을 더 잘 할 수 있는지에 대해 이야기하려고 한다. 이야기하면서 광고업계의 사례를 많이 참고하였다. 광고업계에서는 설득이 곧 생계수단이기 때문이다. 우리의 관심과 우리의 돈을 얻기 위해 카피라이터가 하는 일들이 우리에게는 영감의 원천이 된 것이다.

광고가 커뮤니케이션을 수행하는 방식에 있어 그토록 중요한 이유는 무엇일까? 우리는 광고를 신문지면을 가득 메우고, 라디오 청취 중간에 끼어들고, 텔레비전 시청을 방해하는 존재로 생각할 수도 있다. 하지만 우리는 광고를 통해 메시지를 효과적으로 전달할 수 있는 방법과 관련하여 엄청나게 많은 것을 알 수 있다.

 가라사대

앨리스테어 스미스 — 얼라이트

광고는 커뮤니케이터와 대중연설가에게 다양한 방식으로 많은 것을 가르쳐줄 수 있다고 생각합니다. 광고는 핵심 메시지를 전달할 때 창의적인 방법을 이용하고, (스토리를 이야기할 때 제기될 수 있는) 온갖 종류의 혼란스런 질문들을 고려하기 때문입니다.

광고는 문제를 제기하기도 하고 미묘하게 혹은 아주 직접적으로 당신의 관심을 끕니다. 언제나 메시지를 전면에 내세우고 당신에게 주목하라고 요구하죠. 광고는 전문적인 커뮤니케이터인 것처럼 실수요지를 시야에서 놓치지 말라고, 당신의 메시지를 그들이 이해할 수 있고 그들 자신의 삶에 끌어들일 수 있는 방법으로 전달하라고 말합니다.

몇 가지 핵심 원칙을 이해하면 다음과 같은 목표를 이루는 데 도움을 얻을 수 있을 것이다.

■ **정보의 과부하를 극복하라** — 당신의 '청자' 는 끊임없이 쏟아져 나오는 새로

운 매체를 통해 날마다 점점 더 많은 메시지를 주입받고 있다. 이런 상황에서 어떻게 하면 청중이 당신이 전하려는 말에 귀를 기울이게 할 수 있을까? 어떻게 하면 그들의 이목을 끌 수 있을까?

- **핵심 메시지를 강력하게 전달하라** — 당신이 수행하는 커뮤니케이션의 본질을 속속들이 파헤칠 수 있는 방법과 핵심 이슈들을 강조할 수 있는 기술을 발견할 수 있다면, 당신은 보다 효과적인 커뮤니케이터가 될 것이다.
- **설득의 기술** — 왜 사람들이 자신의 방식으로 생각해야 하는지에 이유를 대는 것이 곧 설득이다. 다른 사람에게 자신의 견해를 납득시키기 위해 사용할 수 있는 주장은 무엇인가? 그 근거는 어떻게 확립할 것인가?
- **당신이 받은 메시지의 뜻을 정확히 해석하라** — 광고에서 사용되는 기법을 숙지하면 당신의 편지함에 들어 있는 여러 가지 커뮤니케이션 양식들을 이해하는 데 도움이 될 것이다. 선전의 이면에 감춰진 진실을 더 잘 볼 수 있게 될 것이며, 이는 정성스런 답장을 쓸 때에도 도움이 된다.

광고가 성공하는 건 무엇 때문일까?

> "광고가 성공할 확률은 절반에 불과합니다. 성공할 절반이 어느 쪽인지 아는 것이 비결입니다." 헨리 포드(Henry Ford)

이 말을 통해 우리는 광고는 정밀과학이 아니란 사실을 추측할 수 있다. 과학이 정밀과학이라면 광고업계의 경영진 대다수가 자리를 보전하지 못했을 것이다.

메시지를 보내는 타이밍, 최종 청자, 광고의 내용 등은 경험을 통해 배울 수 있다. 하지만 인간의 심리 및 두뇌가 데이터와 정보를 처리하는 과정 등은 명확하게 설명하기 어렵다.

　먼저 이미 알려져 있는 효과적인 광고의 원칙에 대해 살펴보자. 이 부분을 이해해야 그것이 일상적 커뮤니케이션에 어떻게 적용되는지 생각해볼 수 있을 것이다.

목표청자…에 관한 진실

우리가 광고에서 배울 수 있는 가장 중요한 가르침 중 하나는 모든 커뮤니케이션 양식에 있어서의 목표청자의 중요성이다. 커뮤니케이션의 전 과정에서 독자를 염두에 두어야 한다는 것은 기본적인 규칙 중 하나이다.

 가라사대
러셀 그로스먼 — BBC

대개 기업의 청자는 아주 다양하기 때문에, 단 하나의 커뮤니케이션 모델이 존재하기는 불가능하다는 걸 유념해야 합니다. 주어진 상황에 맞추는 방식으로 커뮤니케이션을 수행해야 한다는 것이지요.

우선은 당신의 메시지를 접하는 사람의 유형이, 메시지 전달 방식에 영향을 끼칠 수 있다는 사실에 대해 생각해보자. 당신이 수신자와 공감대를 형성할 수 있을 때에야 그들이 당신의 메시지를 어떻게 '소비' 할 것인지에 대한 이해도 시작된다.

　당신이라면 다음의 두 가지 상이한 상황에서 어떻게 대처하겠는가?

1. 당신의 어머니는 은퇴하신 후 먼 곳에 사시기 때문에 약 4주에 한 번씩밖에 당신을 만나지 못한다. 당신은 어머니와 정기적으로 연락을 할 방법으로 편지를 쓰겠다고 결심한다.
2. 당신의 상관은 한 시간 후 회의에서 이달의 판매 실적이 왜 목표에서 10퍼센트 미달됐는지 해명해야 한다. 상관은 당신에게 판매 실적 부진의 원인에 대한 의견을 이메일로 보내달라고 요청했다.

물론 이 두 상황에서는 서신의 내용도 크게 차이가 날 것이다. 하지만 당신은 당신의 메시지를 접할 사람의 상황도 고려해야 한다.

첫 번째 상황에서 수신자는 시간적 여유가 있으며, 아주 사소한 일이라도 당신 생활의 세세한 부분에 관심을 가질 것이다.

두 번째 상황은 긴급하다. 그리고 쉽게 해석할 수 있는, 간단명료하면서도 정확한 정보가 필요하다.

때로 당신은 다양한 청자들에게 메시지를 전달하려 노력해야 하는데, 이럴 때 인생이 고달파진다. 금융업에 폭넓은 경험을 가지고 있으며, 2000년 8월에 잉글랜드 축구 협회의 회장이 된 키스 해리스의 이야기를 들어보자.

 전문가 발언대
키스 해리스 — 축구 협회 전 회장

금융업계에 있을 때, 저와 커뮤니케이션을 했던 청자의 범위는 지극히 좁았습니다. 하지만 축구 분야에서는 커뮤니케이션을 하게 되는 사람들이 매우 다양하고 그 범위도 아주 넓지요. 범위만 넓은 것이 아니라 그 안에서 정말 온갖 종류의 집합체를 대해야 합니다. 때로는 대규모 대중을, 때로는 기업주들을, 때로는 규제위원들을 상대해야 하지요. 아주 힘든 일입니다.

팬들의 요구와 기업주들의 요구가 같지 않기 때문에 일은 더더욱 어렵습니다. 또 사람들은 잘 모르지만, 클럽의 실제 운영 형편은 상업적으로나 재정적으로 매우 열악합니다.

우리는 아스날 축구 클럽(Arsenal Football Club)의 대표이사 키스 에덜먼(Keith Edelman)과의 인터뷰를 통해 이런 주장을 뒷받침해주는 이야기를 들을 수 있었다. 에덜먼은 소매업계에서 스토어하우스(Storehouse plc.)의 최고 경영자로 일한 경력이 있다.

 ## 전문가 발언대
키스 에덜먼 — 아스날 FC

저는 축구나 소매업체 모두 소비자를 상대한다는 점에서는 유사하다고 생각합니다.

가장 큰 차이점이라면 소매업에서는 경쟁을 통해 고객을 확보하고 끊임없이 고객 확보 노력을 해야 하지만 축구에서는 소비자를 관리해야 한다는 것입니다. 사람들은 가격이 오르거나 경기가 없다는 이유로 팀을 바꾸지는 않습니다. 평생 한 클럽을 응원하는 경향이 있다는 것이죠.

이 때문에 다른 방식으로 커뮤니케이션을 하게 되죠. 넓은 의미에서는 말 그대로 모두가 팀의 일부이기 때문에 보다 친밀한 커뮤니케이션이 이루어지는 것입니다.

많은 소매 기업들이 이런 친밀한 관계를 위해 목숨을 거는데, 막상 그런 관계를 맺게 되면 뭔가 이상하다고 생각하게 될 겁니다.

한 가지 예를 들어보자. 만일 아스날에서 입장권 가격을 다섯 배 이상 인상하면 사람들은 '말도 안 되는 인상이다, 인상 근거를 대라.' 며 투서를 해댈 것입니다. 그러면 당신은 사업의 경제성과 관련된 일이라고 설명을 하겠죠. 결국 사람들은 오른 가격에도 계속 정기 입장권을 구매할 겁니다.

여기서 중요한 점은 사람들이 속내를 털어놓고 싶어 한다는 것입니다.

만일 소비자와의 관계가 비교적 덜 친밀한 소매업계에서 이런 일이 일어난다고 생각해보십시오. 비싼 가격에도 여전히 어떤 제품을 원한다면 계속 구매하기는 할 겁니다. 하지만 불만을 털어놓을 가능성은 낮죠. 소매업계에서 소비자들은 다른 곳으로 갈 수 있는 자유선택권이 있으니까요. 축구에서는 그러한 자유선택권이 없습니다.

광고의 성공 전략

초만원의 경쟁 시장에서 다른 업체와 차별화될 확률을 최대화하기 위해서는 다음의 세 가지 요소를 모두 갖추고 있어야 한다.

■ **범위** — 얼마나 많은 사람이 동시에 당신의 메시지를 받아들일 수 있는가?
■ **빈도** — 얼마나 자주 당신의 메시지를 받아들일 것인가?
■ **메시지의 질** — 얼마나 호소력이 있는가?

아주 쉽게 생각해, 이 세 가지 요소를 재래시장의 노점상인과 관련시켜보겠다. 목소리가 크고 우렁차다면 강점이 될 것이다. 그래야 더 멀리까지, 더 많은 사람들에게 들릴 것이기 때문이다.

잠시 동안 노점상 근처에 머물러보라. 그러면 똑같은 메시지가 반복되는 걸 들을 수 있을 것이다. 이것이 주는 혜택은 두 가지이다. 첫째, 소리를 지르는 사람이 전달하고자 하는 핵심 메시지를 사람들에게 끊임없이 상기시킬 수 있다. 둘째, 번잡한 시장에서는 메시지가 들리는 범위 안에 있는 사람들이 계속 바뀌므로 반복할 필요가 있다.

끝으로, 그 지역의 명물로 알려진 노점상인에 대해 한번 생각해보자. 그 사람은 지나가는 행인을 상대로 재밌는 농담을 던지는 것이 몸에 배어 있다. 비록 그 노점상의 가격이 시장 맞은편에 있는 경쟁자보다 약간 비싸다고 해도, 그 노점상에서 물건을 사는 즐거움이 더 클 것이다.

서커스 단장과 신문 판매원이 사용하는 기술도 이와 동일하다. 그리고 오늘날의 상업 라디오 광고 대부분도 이 원칙에서 그리 멀리 떨어져 있지 않다.

창의성…에 관한 진실

광고 편성 일을 해본 적이 있다면, 광고 매체가 청자에 따라 광고 요금을 산정한다는 사실을 알고 있을 것이다. 방송 매체의 경우에는 빈도에 따라 광고 요금을 산정하기도 한다. 소비자가 광고를 보고 듣는 횟수가 광고를 떠올리는 능력에 핵심적인 영향을 미치고, 이는 상품의 판매 증가로 이어지기 때문이다.

오늘날 광고를 평가하는 데 사용되는 청자 측정 소프트웨어는 무척 정교하다. 광고의 '과학'이라 불러도 좋을 정도다. 이 '예술적 경지의 기술'은 우리가 제시한 세 가지 요소 중 마지막 요소인 메시지의 질을 평가하는 도구에 해당한다.

하지만 무엇이 대중의 상상력을 사로잡는지 정확하게 평가할 수 있는 방법이나, 어떤 제품이건 특별한 것으로 부각시킬 수 있는 마법의 공식 같은 것은 존재하지 않는다. 하지만 정말로 대단한 광고에는 다음의 요소 중 하나 이상이 포함되어 있을 가능성이 높다.

■ 장관을 연출한다

- 흥미롭다

- 유행을 따른다

- 새롭다

- 특이하다

- 재미있다

유머는 청자를 매혹시킬 수 있는 멋진 방법이지만, 위험이 따르기도 한다.

☀️ 굿 스토리: 친자노 비앙코

베르무트 판매의 호황기인 1970년대에는 친자노 비앙코(Cinzano Bianco, 칵테일의 재료로 널리 사용하는 이탈리아산 베르무트의 상표명 — 옮긴이)와 마티니(Martini)라는 두 브랜드의 베르무트가 앞 다투어 생산되었다. 이에 맞추어 제작된 친자노의 고전적인 광고에는 당시 인기가 높았던 코미디언 레오나드 로시터(Leonard Rossiter)와 세련되고 자신만만한 캐릭터로 널리 알려져 있던 영국 최고의 여배우 죠앤 콜린스(Joan Collins)가 등장했다. 이때 제작된 광고 시리즈의 핵심은 결말 부분에 가서는 콜린스가 꼭 그녀의 비싼 드레스 위에 친자노를 엎지르게 되고 만다는 것이었다.

광고는 (모든 사람들의 화제가 될 정도로) 엄청난 관심을 불러일으켰지만, 경쟁사인 마티니 제품의 판매만 증가시키는 결과를 낳았다. 이유는 아주 간단했다. 유머에 치중한 나머지 브랜드 자체에 대한 강조가 너무나도 미흡했던 것이다.

훌륭한 광고 문안을 만드는 방법

훌륭한 광고 문안을 작성할 줄 안다면 엄청난 혜택을 누릴 수 있다. 그리고 그러한 기법들은 다른 형태의 글쓰기에도 적용할 수 있다.

✖ 사·례·연·구 | 회사 차량

당신이 현재 진행하고 있는 프로젝트에 대해 지원을 받아야 하는 상황이라고 생각해보자. 혹은 보다 많은 자원을 확보할 수 있도록 청원을 해야 한다거나, 차량 지원을 받아야 하는 이유에 대해 설득력 있는 주장을 제시해야 하는 상황이라고 생각해보자. 이 모든 상황에서 당신은 효과적인 광고의 원리를 활용하여 사안에 중요성을 더할 수 있다.

요점 정리

첫 번째 단계인 요점 정리부터 시작해보자. 실제 광고업계에서는 이 과정에 많은 시간과 노력이 소요될 수 있다. 하지만 이 과정이 없으면 글쓰기의 출발점도 있을 수 없다.

요점 정리 과정은 아래와 같이 a, b, c 프로세스로 간단하게 요약될 수 있다.

a. 이야기해야 하는 대상은 누구인가?
b. 그들이 어떻게 하길 원하는가?
c. 그들이 그렇게 해야 하는 이유는 무엇인가?

세 가지 이 단순한 질문을 보다 상세히 살펴보기 전에 반드시 적용해야 할 황금률이 있다. 'c는 a로 하여금 b를 하게 만드는 충분한 이유가 되는가?'를 고려해 봐야 한다. 그렇지 않다면 처음부터 다시 시작해야 한다!

실제로 연습을 해보면 더욱 쉽게 이해가 간다. 당신에게 회사 차량이 필요하다는 사실을 상관에게 납득시켜야 하는 상황에 이 원리를 적용해보도록 하자.

요점 정리 질문에 대한 답은 다음과 같다.

a. 이야기해야 하는 대상은 누구인가?

　나의 직속상관.

b. 그들이 어떻게 하길 원하는가?

　회사 차량 사용에 대한 결정권을 행사하여 나에게 차량을 제공하는 것.

c. 그들이 그렇게 해야 하는 이유는 무엇인가?

■ 업무를 위해 개인 차량을 사용할 때 회사 차량을 사용할 시 발생하는 비용
보다 훨씬 높은 수준의 마일당 수당을 지급해줄 것을 요청했다.

■ 업무로 고객을 방문하는 횟수가 점점 늘어나면서 지난 6개월 동안 매월 업
무 주행거리가 늘어났다.

■ 매월 왕복 240마일 거리에 있는 스윈든(Swindon)에서 열리는 회의에 팀의
대표 자격으로 참석할 것을 정기적으로 요청 받고 있다.

■ 스윈든에는 현재 나 정도 수준을 갖춘 기술력이 부족하며, 따라서 언젠가는
일주일에 한두 번 정도 스윈든에서의 근무 요청을 받게 될지도 모른다는 사
실을 알고 있다.

■ 현재 나는 노후하고 성능이 좋지 않은 내 차를 바꿀까 생각 중이며, 그러려
면 융자를 고려해야 한다.

■ 지난달 스윈든으로 가는 도중 차가 고장을 일으킨 적이 있다. 겨우 도착했
을 때 회의는 거의 끝나고 5분 정도 남은 상태였다.

■ 지난 2년 간 나는 내가 설정한 모든 목표를 달성하였다. 회사가 차량을 지

원해준다면, 나를 인정하고 나의 노력에 보상해주는 것이라 생각하게 될 것이다.

- 내가 본사에서 근무하는 날에는 다른 동료들이 공동 차량으로 사용할 수도 있다.

황금률의 적용은 아무리 강조해도 지나치지 않다. c는 a로 하여금 b를 하게 만드는 충분한 이유가 되는가? 그렇지 않다면 처음부터 다시 시작하라!

만일 질문 c에 '내가 새 차를 타고 다니면 친구들이 부러워할 것이다.' 혹은 '입사한 지 1년도 안 된 린(Lynne)도 차를 받았기 때문이다.' 라는 이유를 댄다면, a로 하여금 b하도록 설득하기는 어려울 것이다.

여기에서 가장 중요한 것은 비즈니스 상황을 제시함으로써, 즉 차량을 제공하는 것이 장기적으로 회사의 비용을 줄이는 효과가 있다는 것을 밝힘으로써, 쉽게 의사 결정을 내리게 했다는 것이다. 이것으로 당신은 보다 효율적인 사람이 된다.

당신이 제시한 근거들에 대해 상관이 엄격하게 검증하여 근거의 정당성을 확실히 따지려고 하는 상황도 예측할 수 있을 것이다. 따라서 그보다 한발 앞서 당신이 직접 보다 깊이 있는 재정 분석 자료를 제시하는 것도 좋은 방법이 될 수 있다.

분명한 근거에 따라 의사결정이 이루어지지 않는 경우도 많은데, 이럴 때는 반드시 그 논리의 이면을 살펴봐야 한다. 상관은 그러한 결정이 사업 차원에서 '다른 사람들에게' (편애의 기미가 조금이라도 나타나지 않는) 공평한 것으로 보일 수 있도록 노력하고 있는 것이다.

다음에 이어지는 연습 과제를 직접 수행해보면 당신이 이 프로세스를 얼마나 잘 이해하고 있는가를 확인할 수 있을 것이다. 우리가 요점 정리 3단계를 제시했다는 것을 다시 한 번 강조한다. 이제는 당신이 (서신 형식으로 된) 250단어 미만의 광고 문안을 만들어야 한다. 작성이 끝나면 우리가 든 예시와 당신의 문안을 비교하여 유사점 및 차이점 목록을 만들어볼 수 있다.

　엄격히 말하면 옳고 그름의 기준은 없다. 하지만 반드시 당신의 제안을 뒷받침해줄 합당한 주장을 찾아야 한다. 바로 그것이 당신의 청자가 당신이 원하는 행동을 해야 할 주된 이유가 되기 때문이다.

연습 | 더 나은 문안 만들기

당신이 근무하고 있는 못 제조회사는 현재 수파네일(Supa-nail)의 출시를 눈앞에 두고 있다. 수파네일은 강화 크립토나이트에 부드러운 실리콘 막을 입힌 것으로, 보다 빠르게 못을 박을 수 있는 것이 특징이다.

　상관은 당신에게 신제품의 이점을 시연할 목적으로 마련된 출시 행사에 기존 고객업체 상위 50개를 초청하라는 업무를 맡겼다. 회사는 이 행사를 통해 고객업체의 주문이 발생할 것으로 기대하고 있다. 초청장은 서신의 형식으로 발송해야 한다.

　요점 정리의 내용은 다음과 같다.

　a. 이야기해야 하는 대상은 누구인가?

우리의 제품을 주용도인 접합 및 다양한 용도로 사용하는 기존 고객.

b. 그들이 어떻게 하길 원하는가?

수파네일 신제품 출시 행사에 참석하여 신제품의 이점을 직접 보고, 앞으로 도 계속 우리 회사와 거래하는 것.

c. 그들이 그렇게 해야 하는 이유는 무엇인가?

- 우리는 다수의 고객들과 강한 개인적 유대 관계를 맺고 있는 회사이기 때문이다.

- 이번 행사는 획기적인 신제품을 직접 보고 '초기 채택자'가 될 수 있는 기회이다. 신제품을 사용한다면 귀사의 고객들에게 보다 역동적인 회사의 이미지를 심어줄 수 있다.

- 행사 당일 저녁의 상품 추첨에 당첨되면 참석자의 몸무게에 해당하는 양의 수파네일을 받을 수 있다.

- 수파네일은 특유의 제조 방식 덕분에 작업 시간을 줄여주며 위험성도 적다. 귀사의 최종 제품 불량률이 낮아지면 비용 절감의 효과도 생긴다.

- 행사에 참석하면 경쟁사와 접촉할 수 있을 뿐 아니라, 새로운 파트너가 될 수 있는 업체와 관계를 구축할 기회가 생긴다.(아래 주의사항 참고)

- 신제품의 이점에 대한 통찰력을 가지게 될 것이며, 이를 통해 시장에서 유리한 입지를 점하게 해줄 응용기술을 개발할 수도 있다.

추가 배경 정보

당신의 회사는 치열한 해외 경쟁을 하고 있다. 수입 못은 저품질의 원료를 사용하기 때문에(고무를 사용하는 경우도 있다) 불량률이 높다는 몇몇 증거들이 있기는 하지만, 값은 더 저렴하다.

당신 회사의 고객층은 대체로 거래에 충실하지만, 일부는 (저가에 제품을 공급하는 외국 회사를 비롯하여) 다수의 공급업체와 거래를 하고 있다.

주의사항: 요점 정리를 할 때는 이 내용을 넣는 것이 좋으나, 초청장을 마지막으로 검토할 때 이 부분을 생략할 수도 있다. 경쟁업체와의 접촉 기회에 관심을 가지는 고객이 있는 만큼 그것을 피하려는 고객들도 있을 것이기 때문이다. 이들은 경쟁을 민감하게 받아들여 자신들만의 '사업 비밀'을 보호하려고 할 수도 있다.

아래의 내용은 우리가 작성한 초청장이다. 직접 초청장을 작성하기 전까지는 이 내용을 살펴보고 싶은 유혹에 저항해야 한다.

○○씨께

업계에 일대 혁명을 불러일으킬 제품 혁신
1월 22일 수요일에 열리는 수파네일 출시 행사에 귀하를 초대하오니, 이 획기적인 신제품을 최초로 접할 기회를 누리시기 바랍니다.

우리 업계는 수년 동안 접합 작업에 재래식 못을 이용해왔습니다. 대부분의 수요를 이 재래식 못이 충족하고 있는 상황에서 저희 회사는 불량률로 인해 생겨나는 문제들에 점차 관심을 가지게 되었습니다. 그 문제는 저희 고객업체 상당수에 작업 중단 사태를 초래하는 등, 일반 못 분야에서 특히 문제가 되고 있습니다.

이에 대응하고자 저희 혁신팀에서 수파네일을 개발하였습니다. 수파네일은 크립토나이트의 단단함과 실리콘 코팅의 매끄러운 마감처리를 결합하여 접합 작업을 할 때 보다 빨리 들어가도록 만들어졌습니다.

행사에 참석해주신다면 저희에게 큰 의미가 될 것이며, 마련된 내용은 다음과 같습니다.

- 수파네일 사용 실례를 접할 수 있으며, 직접 사용해볼 수도 있습니다.
- 기존 응용 분야에서 수파네일이 어느 정도 생산성을 향상시킬 수 있는 가에 대한 토론 행사가 마련되어 있습니다.
- 새 응용 분야에 대해 수파네일 개발팀과 이야기를 나눌 수 있습니다.
- 업계 동료들과 관계를 구축할 수 있습니다.
- 수파네일에 투자하시면 경쟁우위를 점할 수 있습니다.

이 밖에도 당일날 추첨을 통해 귀하의 몸무게에 해당하는 양의 수파네일을 상품으로 받으실 수 있습니다!

행사 시간은 18:30부터 20:00까지이며, 장소는 슬라우(Slough)에 있는 저희 본사입니다. 꼭 만나 뵙기를 바랍니다.

RSVP 드림

여러분이 작성한 서신의 내용은 당연히 이것과는 다를 것이다. 하지만 반드시 다음의 주요 원칙이 지켜지고 있는지 확인해야 한다. 목표청자의 언어를 사용하였는가? 당신이 원하는 것이 무엇인지 전달하였는가? 무엇보다 중요한 것으로, 그들이 그렇게 해야 하는 이유를 명확하게 규정했는가? 당신이 제공한 데이터는 충분한 참석 동기가 되는가?

우리가 작성한 서신을 다시 한 번 살펴보라. 그러면 다음과 같은 실용적이고도 창의적인 요소를 발견하게 될 것이다.

- 제목 — 읽는 사람의 관심을 끌 수 있는 것으로, 핵심 내용을 요약하고 있다.
- 공감대 — 이를 위해서 상대방이 직면하고 있는 몇몇 문제점들을 이해하고

있음을 시사한다.

■ 행동에 대한 요청 ― 그들에게 바라는 행동은 무엇인가?

■ 요약 정리 ― 기호를 사용하면 정보를 빠르고 간명하게 전달할 수 있다.

■ 보상 ― 수신자가 '내가 얻는 건 무엇인가?' 라는 질문을 던질 경우, 그에 대한 답이 되는 인센티브를 말한다.

■ 세부 일정 ― 시간 및 장소를 명시한다.

과장은 얼마만큼?

고객을 끌기 위해 상품이나 서비스의 장점을 최대한 부각시키는 것이 광고인 만큼, 광고에서는 어느 정도의 과장이 가능하다는 것이 일반적으로 받아들여지고 있다. 이를 일컫는 말이 '광고의 과장성' 이다. 영국에는 이와 관련한 아주 유명한 판례가 있다.

굿 스토리: 광고는 순전히 과장이다?

영국 법조계의 이 중대사건이 일어난 해는 1983년으로 거슬러 올라간다. 카볼릭 스모크 볼 회사(Carbolic Smoke Ball Company)는 자사의 제품을 구매해 설명서대로 사용했는데 1년 이내에 독감에 걸리면 100파운드씩을 (당시에는 꽤 큰 액수였다) 보상해주겠다고 광고했다.

카릴(Caril) 부인은 약을 구입해 설명서대로 복용했지만 감기에 걸렸고, 회사를 상대로 '보상' 을 청구하는 소송을 냈다. 회사는 청약과 승낙이라는 법적 근거를 주장했다. 즉, 사리분별력이 있는 사람이라면 광고의 내용을 승낙을 받을 수 있는 청약으로 보지 않는다는 이야기였다. 제안과 수용의 단계를 거치는 계약과 같은 것으로 볼 수 없다는 주장이었다. 이와 함께 회사는 자사의 광고는 결코 청약이 아니었으며, 판촉용 '과장' 이었을 뿐이라고 주장했다. 하지만 판사들이 회사의 이 두 가지 주장 모두에 동의하지 않으면서 카릴 부인은 법조계 역사에 이름을 남기게 되었다. 물론 100파운드도 챙길 수 있었다.

광고는 커뮤니케이션 방식을 어떻게 바꿔놓았는가

광고의 과장은 우리의 일상적인 커뮤니케이션에도 영향을 미친다. 즉 이러한 광고를 자주 접하다 보면 무언가를 받아들일 때 곧이곧대로 믿지 않는 경향이 강해진다는 것이다. 자꾸만 '속셈이 뭘까?' 하고 묻게 된다. 그렇다 보니 상대방에게 우리의 주장을 믿어달라고 이야기할 때도 상대방의 신뢰를 얻기가 힘들다.

이런 상황인 만큼, 자신의 근무 시간을 바꾸기 위해 팀원들을 설득하는 문제이든, 아니면 가지고 있는 정보를 기꺼이 공유하자고 동료를 설득하는 문제이든, 요점 정리 질문에 대답하는 'a, b, c' 규칙을 엄격히 적용하는 것이 그 무엇보다 중요하다.

5장에서 이제까지 논의한 내용을 명확히 하기 위해 다음의 일화를 소개한다.

굿 스토리: 역사상 최고의 광고

훌륭한 광고가 지키고 있는 모든 규칙들을 생각해보라. 당신의 메시지를 특정 청자에 맞게 최대한 구체화할 수 있는 방법은 무엇일까? 어떻게 하면 청자로 하여금 그 메시지를 최대한 자주 접하게 할 수 있을까? 청자가 광고를 잘 기억하게 할 적절하고도 창의적인 요법을 확보하려면 어떻게 해야 하는가?

역사상 최고의 광고는 90년대 중반에 맨체스터로 진입하는 주요 도로의 광고 게시판에 붙었던 포스터였다. 포스터를 채우고 있던 것은 'OTS'라는 커다란 글자 세 개가 전부였다.

이 선전이 목표로 했던 청자는 광고 대행사에서 광고주에게 가장 효과적인 광고 매체를 추천해주는 일을 맡고 있는 매체 구매 담당이었다. 목표 청자가 그 광고를 접하는 횟수를 계산하는 것은 어떤 선전이 성공할 것인지를 판단하는 중요한 수단 중 하나인데(우리가 앞서 논의했던 '빈도'가 바로 이것이다), 이러한 예측은 대개 과거의 자료를 기반으로 이루어진다. 포스터 광고에서는 이를 '광고를 접할 기회'를 뜻하는 OTS(Opportunities to See)라고 부른다. OTS가 높으면 광고의 성공 가능성도 높아진다.

결국 이 포스터의 내용은 '고객의 비즈니스를 위해 포스터 광고를 이용하라.'는 것이다.

우선 이 광고는 목표청자의 설정 면에서 탁월하다. 광고에 지식이 있는 사람들이라야만 OTS가 의미하는 바를 이해할 수 있기 때문이다. 그리고 이 포스터를 지나칠 때마다 '광고를 접할 기회'를 인식하게 된다. 그러한 연관을 만들어냈다는 사실 자체가 바로 메시지의 질이 탁월하다는 뜻이 된다.

단순성을 훌륭하게 활용했던 창의적인 사례다.

 실전과제: 텔레비전 광고를 보라

텔레비전을 보다가 중간에 선전이 나오면 꼭 커피를 타러 가는 사람들이 있다. 당신도 그런 경우라면 이제부터는 보온컵을 하나 장만하라.

커뮤니케이션 능력 향상을 위해 노력하는 커뮤니케이터에게 텔레비전 광고는 절대 놓치지 말아야 할 내용이다. 비율로 따져봤을 때 텔레비전 광고는 텔레비전 방송물 중에서 가장 비싸다. 초 단위로 계산하면 코스튬 드라마(Costume Drama: 배경이 되는 시대의 호화로운 의상이 주된 특징인 영화나 드라마 — 옮긴이)도 텔레비전 광고의 비용을 따라오지 못한다.

텔레비전 광고를 통해 해석되는 것은 아주 정교한 메시지이다. 이 메시지는 매혹적인 (그리고 엄청나게 비싼) 방법으로, 특정한 시청자 집단 개개인에게, 구체적인 목표(시청자들이 그 상품을 구매하도록 만드는 것)를 가지고 전달된다.

대부분의 광고업자들이 광고를 전달할 때 사용할 수 있는 시간이 30초 이하라는 사실을 감안한다면, 광고 관련 커뮤니케이터의 기술에 경의를 표하게 될 것이다.

물론 모든 광고가 다 질 높은 예술은 아니다. 하지만 그토록 막대한 액수의 자금이 동원되는 만큼 대개 상당히 심사숙고한 결과물이 나온다.

광고를 보면서 제작자가 머릿속으로 무슨 생각을 했을지 짐작해보라. 누구를 목표로 이 광고를 만들었을까, 광고를 본 후 목표 대상들이 어떤 느낌을 가지길 원했을까? 나름대로 최악의 광고 및 최고의 광고를 선정해두었다가 멘토, 친구, 동료 들과 함께 이야기를 나누어본다.

일부러 당신을 겨냥하고 있지 않은 광고를 골라 이런 식으로 토론해보는 것도 실전과제의 질을 높이는 방법이 될 수 있다. 다른 성별을 겨냥한 상품 광고를 살펴보는 것도 방법이다. 아니면 시간을 내어 어린이용 채널을 보고 무슨 상품을 선전하는지, 어린이들을 설득하기 위해 어떤 방법을 사용하는지 관찰해본다.

5장 엘리베이터 테스트

- 우리는 광고를 통해 설득에 관한 소중한 가르침을 얻을 수 있다. 즉, 효과적인 커뮤니케이션의 핵심 요소를 배울 수 있다.

- 당신의 청중이 '누구' 인지를 이해하는 것만큼 그들이 당신의 메시지를 어떻게 이용할지 인식하는 일도 필요하다.

- 효과적인 광고에는 범위, 빈도, 메시지의 질이라는 세 가지 요소가 포함된다.

- 훌륭한 광고를 기억하게 만드는 요인은 흥미, 신선함, 독특함, 재미이다.

- 특정한 주장을 할 때는 결코 그 혜택을 지나치게 과장하지 마라. 결국엔 들키고 만다.

- 시간을 가지고 상업 광고를 분석하면 설득의 기술에 대한 통찰력이 생긴다.

6장

쓰기

이메일

> "젊은 친구들이 이메일을 베껴서 보내는 것을 말릴 생각은 없습니다. 다만
> 그들이 이메일을 보낼 때 조금 더 책임감을 가졌으면 합니다."
>
> 빌 달턴(Bill Dalton) ― HSBC 최고 경영자

이메일이 보편적인 현상이 되기 이전의 시절을 경험했다면 당시에 이메일이 얼마나 신기하게 느껴졌는지를 기억할 것이다. 그런 이메일이 순식간에 가장 대중적인 문자 커뮤니케이션 형태로 자리를 잡았다. 기업 내부에서 시작된 이메일을 통한 커뮤니케이션은 공급업체, 고객 및 기타 관계자들과의 거래로 그 이용 범위가 확장되었다. 한 고위 경영자가 들려주는 다음의 이야기를 보면, 이 새로운 접촉 채널을 받아들이는 속도에 대해 살펴볼 수 있다.

제 아들이 네 살쯤 되었을 때, 퇴근해서 집에 가면 매일 저녁마다 저한테 하는 질문이 있었습니다. "아빠, 오늘은 회사에서 뭐하셨어요?" 어느 날 저녁 전 늘 하던 대로 아이가 이해할 수 있는 말로 이런저런 설명을 해주고 있었습니다.(사람들과 전화도 하고, 회사에 있는 친구들과 몇 가지 일을 의논했다는 등) 그러다 하루 일과 대부분을 차지하는 일에 대해서는 적절한 설명을 해주지 못하고 있다는 것을 깨달았죠.

마침내 퍼뜩 생각이 떠올라 이렇게 설명을 해주었습니다. "벤(Ben), 아빠가 집에서 일할 때 쓰는 노트북 컴퓨터 알지? 회사에서 아빠는 그런 컴퓨터로 편지를 써서 다른 사람들 컴퓨터로 보낸단다." 저는 제가 해준 설명에 만족하며 의자에 등을 기댔습니다. 그랬더니 아들 녀석이 잠시 생각하더니 이렇게 말하더군요. "아빠, 그냥 이메일을 보내면 되잖아요."

슬프게도, 지금까지 이메일 수용 속도는 이메일 남용 속도와만 연관시켜 생각해 왔다. 현재 비즈니스를 하는 사람들 대부분은 이메일을 친구로 삼아야 할지 적으로 받아들여야 할지 확신하지 못하고 있다. 이제부터 양측 모두의 이야기를 들어보자.

이메일의 폐해

검사 측 진술

■ **내 의견이 필요하다면 기꺼이** — 이 현상의 대표적 폐해는 '전체 답장' 신드롬이다. 최악의 경우, 기업이 비용 삭감이나 윤리 문제와 같은 논쟁적 이슈에 대해 직원 전체와 동시에 커뮤니케이션을 하려고 할 때 이러한 현상이 발생할 수 있다. 모든 사람의 이메일 주소가 '받는 사람' 란에 입력되어 있기 때문에 어떤 사람들은 세상에 자신의 생각을 알릴 기회를 그냥 지나치지 못한다.

그래서 '이거 정말 근사하다.' 며 사람들에게 전체 답장을 하는 것이다.

- **내가 얼마나 열심히 일하는지 보라고** — 기술 발전으로 인해 수많은 기업에 24시간 문화가 생겨나게 되었다. 사람들이 집에서도 언제든 컴퓨터에 접속할 수 있기 때문이다. 만일 새벽에 정기적으로 상관으로부터 이메일을 받는다면, 그의 부지런함에 보조를 맞추어야 한다는 압박감을 느끼게 될 것이다. 하지만 이는 곧 이메일을 작성하고 전송 시간을 예약할 수 있을 정도로 기술이 발전했다는 뜻이기도 하다. 즉 상관이 보낸 메일이 당신의 편지함으로 도착한 그 시간, 상관은 단잠을 자고 있을지도 모를 일이다!

- **의사 방해 전략으로 활용한다**(일종의 방어 장치로 활용) — 이메일이 즉각적인 커뮤니케이션 수단이라는 것을 고려한다면, 어떻게 이메일이 모든 프로세스나 의사 결정을 늦출 수 있다는 것인지 이해가 가지 않을 것이다. 질문 내용을 일부러 오해하거나 특정 사항에 대해 자세한 설명을 계속 요청하는 것이 자주 사용되는 수법이다.

- **말하기는 너무 부끄러워** — 이메일로 인해 소란스럽던 일부 파티족들이 수줍은 제비꽃으로 변해버렸다. 하루 종일 키보드를 잡고 스크린 뒤에 웅크리고 있기 때문이다. 바로 옆 자리에 앉은 사람들끼리 고전적인 커뮤니케이션 수단인 대화를 하기보다 서로 이메일을 주고받는 것도 어렵지 않게 볼 수 있다.

- **(과부하를 목적으로) 상관에게 스팸 메일 보내기** — 상관이 정말로 마음에 들지 않을 때 이메일을 사용해 그를 곤경에 빠뜨릴 수 있다. 팀 내에서 협조가 이루어지면 특히 큰 효과가 있다. 팀원 모두가 상관에게 (관련이 있든 없든) 최대한 많이 이메일을 보내고, 가능하면 그에 따르는 조치를 요구하는 것이다. 필요한 조치가 답장뿐이라 해도 여기에만 막대한 업무 시간이 소요될 수 있다.

- **직접 말하기는 좀** — 겁쟁이들은 나쁜 소식을 전할 때 이메일을 사용한다. 일대일로 만나 민감하게 처리해야 하는데도 말이다. 이메일을 사용하면 사람들은 장황하게 말이 많아지기 마련이고, 이 때문에 개인의 이미지가 손상되는 경우도 아주 많다.

- **너 때문에 정말 미치겠어** — 갈등 상황은 대다수 사람들이 미숙한 분야이다. 사람들은 갈등 상황이 생기면 정면대응하지 않고 이메일을 사용해 동료, 부하직원, 심지어는 상관에게까지 고함을 지른다. 또 주소란에 제삼자도 끼워 넣어 수신자가 느끼는 굴욕감을 배가시킨다. 하지만 더 끔찍한 것은 메일 내용이 그들의 수중에 고스란히 들어간다는 것이다. 사람들은 잔인한 스포츠를 관음적으로 즐기듯 그 내용을 다른 사람들에게 전달하여 돌려 볼 수 있다.

- **이제 당신이 해결해** — 어떤 사람은 자신의 업무 일부를 이메일을 통해 다른 사람에게 떠넘길 수 있다고 생각한다.(그들은 이것을 '위임'이라 할 것이다.) 하지만 긴 한 주가 마무리되는 참에, 끝내야 할 업무를 받는 것은 여간 짜증스런 일이 아닐 수 없다. 정작 당신에게 일을 몰아준 장본인은 맘 편히 주말을 즐기러 집으로 가고 있다면 더욱 그럴 것이다.

- **어디든 가는 이메일**(최고 경영자에게 접근하는 수단) — 과거 수직적인 조직에서는 당신의 접촉 범위에 한계가 있었지만, 지금은 그렇지 않다. 이제는 원하는 때 누구에게든 접근할 수 있다. 하지만 발신인에게는 중요하다고 생각되는 일이 수신인에게는 별로 중요하지 않을 경우가 있다. 그래서 답장을 하지 않게 되면 직원들은 자신의 의견에 귀 기울여주지 않는다고 생각하게 된다.

가라사대
빌 달턴 ― HSBC

저는 HSBC은행의 최고 경영자입니다. 우리 은행에는 5만 명의 직원이
근무하고 있지요. 이메일이 없었을 때는 회사의 말단 직원들이 최근의 업
무 내용을 저에게 직접 보고하는 일은 상상도 하지 못했지만 지금은 모두
들 그렇게 하고 있습니다. 예전에는 저에게 문서를 보내는 것이 아주 대단
한 일이었지만, 지금은 아주 쉬운 일입니다. 직원들이 저에게 메일을 보내
는 주된 이유는 예전에는 좀처럼 이야기할 기회가 없었던 내용을 최고 경
영자에게 제시할 기회가 생기기 때문입니다.

하지만 그러한 이메일이 어떻게 처리되는지에 대해서는 대부분의 사람
들이 알지 못합니다. 예를 들어 제가 아는 어떤 기업의 CEO는 직원들이
메일을 보내는 것을 환영한다고 말합니다. 듣기에는 좋은 말이지만, 불행
하게도 그것은 일방적인 의사소통일 뿐이죠.

실제로 그들은 사무실에 메일 전담 직원을 두고 "이 녀석이 뭘 원하는
지 살펴보라."고 말합니다. 하지만 저는 그러고 싶지 않아요. 이 은행에서
일하는 사람들에게 솔직하고 싶습니다.

■ **증거가 있어요**("당신에게 내가 이메일을 보냈어요. 여기 증거가 있잖아요.") ― 어
떤 행동을 했는지 안 했는지 기억나지 않을 경우, 보낸 편지함이 있다는 사실
은 커다란 위안이 될 수도 있다. 하지만 당신의 요구사항이 실행되지 않을 경
우 이메일은 다른 사람의 잘못을 들추어내는 데 악용될 수도 있으며, 모든 메
일에는 시간과 날짜가 기록되기 때문에 잡을 수 있는 흠은 더욱 늘어난다.

가라사대
빌 달턴 ― HSBC

요즘에는 윗사람에게 일을 떠넘기는 경우가 지독히 많습니다. 만일 제가

어떤 이메일을 살펴보지 못하고 그냥 넘어갔는데 그게 중요한 내용이어서 6개월 후에 문제가 되면, 메일을 보낸 사람은 '메일을 보냈다.' 며 발뺌합니다. 이 점이 곤란한 것이죠.

전문가들과 인터뷰를 하는 동안 이메일이 가진 부정적인 측면 대다수가 부각되었다. 그중에서도 여기 소개하는 미학적 측면의 반대가 가장 매력적인 것 같다.

가라사대
키스 해리스 — 시모어 피어스 · 축구 협회

저는 이메일을 그다지 좋아하지 않습니다. 컴퓨터 화면을 정말 싫어하죠. 내 책상은 아주 멋진 고가구인데 그 위에 보기 흉한 스크린을 올려놓고 싶진 않거든요.

마지막으로, 몇몇 전문가들은 다음과 같은 의견을 제시하였지만 자신의 의견임을 밝히고 싶어 하진 않았다!

"그런 버튼이 있었으면 좋겠어요. 누르기만 하면 '내가 그런 데 신경이나 쓸 것 같애!' 라는 회신을 자동으로 보내주는 버튼 말이에요."

이메일의 혜택

변호인 측 변론

- **총알보다 빠르다** — 종래의 우편배달 서비스는 시간이 너무 오래 걸린다는 것이 문제였다. 지금은 메시지를 보내고 받는 일이 거의 즉석에서 이루어진다. 전화 통화를 하면서 관련된 문서를 이메일로 보내고, 자신이 보낸 메일이 상

대방의 받은 편지함에 도착한 것도 확인할 수 있다.

- **우리 친구할까** ─ 이메일은 그 발전양상을 볼 때 다른 방식의 문자 커뮤니케이션에 비해 덜 격식적인 경향이 있으며, 그 결과 훨씬 더 친근한 매체가 되었다. 제대로 사용하기만 하면 금방 사람들과 친해질 수 있는 훌륭한 수단이다.

- **말, 그 이상** ─ 대역폭의 확대로 컴퓨터의 자료 처리 속도가 점점 향상되는 추세다. 이는 이메일이 더 이상 문자에만 국한되지 않는다는 의미이다. 사진, 동영상, 그래픽 등 메일로 전송될 수 있는 데이터의 양은 점점 증가하고 있다.

- **건망증이 문제가 될 때** ─ '내가 회의를 소집한 게 10시였나, 10시 30분이었나?' 이메일이 있으면 '자신'이 쓴 내용뿐 아니라 '다른 사람들'이 요청한 내용도 언제든 확인할 수 있다.

- **융통성 100% 확보?** ─ 이제는 집에서 일하는 것이 아주 흔한 일이 되었기 때문에 사무실에 남아 업무를 마무리할 필요가 없게 되었다. 집에서 컴퓨터를 켜고 이메일을 사용하여 다른 사람들의 요청을 확인하거나 남은 작업을 마무리할 수 있게 된 것이다.

- **호외요! 호외!** ─ 매스 커뮤니케이션의 형태로서 이메일을 당해낼 것은 없다. 이메일은 실시간으로 작성되며, (보다 중요한 것으로) 동시에 전송이 이루어진다. 이는 곧, 많은 사람들에게 똑같은 내용을 동시에 전달해야 하는 경우, 버튼 하나만으로 모든 사람에게 메시지를 보낼 수 있음을 의미한다.

 가라사대

마이클 브로드벤트 ─ HSBC 홍보부 이사

현재 HSBC에서는 전 세계 21만 5천 명의 사람들이 일하고 있습니다. 이메일은 그 악명 높은 규모와 거리의 횡포에도 불구하고 엄청난 이점이 있습니다. 회사가 전 세계 80개 국가에 퍼져 있는 경우엔 더욱 그렇지요.

이메일이 좋은 것인지 나쁜 것인지 헷갈린다면 그럴 필요가 없다고 말해주고 싶다. 당연히 이메일은 장단점을 모두 가지고 있기 때문이다. 정말 중요한 것은 이메일을 얼마나 잘 활용하는가이다. 여기에서 노키아의 사내 커뮤니케이션부 부장 수린더 훈달(Surinder Hundal)의 균형 잡힌 견해를 들어보자.

 ## 전문가 발언대
수린더 훈달 — 노키아

이메일을 사용하면 시간과 국경을 초월하여 커뮤니케이션을 할 수 있습니다. 이메일이 몇몇 인공적인 장벽을 제거해주는 셈이죠. 또 이메일은 비용이 아주 저렴할 뿐 아니라 아주 신속하게 업무를 처리할 수 있게 해주죠.

부정적인 측면은 이메일을 너무 과용하는 경향이 있다는 것입니다. 메시지의 양적인 측면뿐만 아니라, 질적인 측면에서도 그렇습니다. 그러니까, 이메일로 업무를 처리하는 방식에 지나치게 의존하다 보니 무조건 이메일을 이용한다는 것이지요. 상황을 곰곰이 생각해보고 직접 대면을 하거나 전화로 해결을 하겠다고 결정할 수 있는데도 말이에요. 사람들이 상황과 매체를 조화시키는 기술까지 잃어버리기 시작한 것 같다는 생각이 듭니다.

사람들이 컴퓨터 뒤에 숨어서, 다른 사람들이 아닌 컴퓨터와만 관계를 맺으려고 하는 경향이 생길 수 있습니다. 특히 많은 사람들과 함께 일하지 않을 때 그렇지요. 조심하지 않으면 이러한 경향이 문화에 영향을 미칠 수도 있습니다. 단지 사회생활뿐만 아니라 우리가 문제를 해결하고 상황에 대처하는 방식도 달라질 수 있어요.

두 번째 부정적인 측면은 컴퓨터 뒤에 숨어서 이메일로 화를 내기가 쉬워졌다는 것입니다. 그렇게 되면 상황은 악화되고 아주 노골적으로 말하는 문화가 생겨날 수 있습니다. 이메일에서는 고상하게 날씨나 기타 사교적인 대화를 나누지 않으니까요.

세 번째 측면은 이메일을 제대로 사용하지 못하는 경우입니다. 400페이지나 되는 메시지가 첨부된 이메일을 받았다고 해보세요. 컴퓨터만 멈춰버리고 말죠.

이와 같은 문제점을 극복하기 위해 노키아에서는 '네티켓'을 통해 '해야 할 것'과 '하지 말아야 할 것'을 분명히 정해두고 있습니다. 또 정기적으로 이 문제를 공론화하여 사람들이 이메일을 제대로 사용하는 방법이 무엇인지 생각하게 합니다.

우리는 이메일의 장단점을 각자의 기준에 맞게 분명하게 인식하고 있을 필요가 있다. 그리고 메시지를 보낼 때는 그와 관련된 문제점이 나타나지 않도록 노력해야 한다. 당신과 함께 일하는 사람들의 수가 많지 않다면 동료들도 이 방식을 따르도록 할 수 있을 것이다. 당신의 편지함에 도착하는 메시지의 수와 중요도를 개선하는 데 어느 정도 효과가 있을 것이다.

수린더 훈달이 이야기한 '공론화'는 많은 사람들을 대상으로 이메일 사용법에 대해 이야기할 수 있는 좋은 방법이다.

 실전과제: 자판을 외워라

자판을 보지 않고 타이핑하는 것은, 매월 연금을 납입하거나 매일 양치질을 하는 것과 같이 가능하다면 이른 나이에 시작해야 하는 일 중 하나이다.

자판을 보지 않고 열 손가락을 모두 사용하여 타이핑을 하면 두 가지의 중요한 혜택을 누릴 수 있다. 첫째는 속도가 빨라진다는 것이고, 둘째는 타이핑을 하면서 필기한 문서를 읽을 수 있다는 것이다. 예를 들어 자판을 일일이 확인하지 않고도 회의 시간에 적어둔 내용을 타이핑할 수 있다.

당신은 자판을 외우지 않아도 되는 이유를 여러 가지 찾을 것이다. 우선은 자판 외우기가 (처음엔 특히) 어렵다는 것이고, 시간이 소요되며, 음성 인식 기술을 사용할 시대가 멀지 않았다고 이야기할 것이다.

그러나 현재 타이핑 속도를 두 배로 향상시키면 당신의 소중한 시간을 하루에 몇 분, 심지어 몇 시간까지 절약하는 일이 가능하다. 평생을 기준으로 생각하면 당신이 절약할 수 있는 시간이 몇 달에서 몇 년이 될 수도 있다.

타자 연습에 이용할 수 있는 소프트웨어와 안내서들은 이미 많이 나와 있다. 그러니 하루를 시작하거나 끝낼 때 아니면 점심 시간에 따로 15분 정도 시간을 내서 연습하라. 금방 요령이 생길 것이다.

한 가지 더 조언하자면, 완벽해지려고 할 필요는 없다는 것이다. 대표 이사의 개인 비서가 되는 것이 포부라면 이야기가 달라지겠지만 말이다. 맞춤법 검사기가 대부분의 실수를 찾아줄 것이다. 다만 보내기 전에는 항상 내용을 다시 한 번 읽어보고 더 나은 표현이 없는지 생각해봐야 한다.

이메일에 대한 마지막 충고는 세계 5대 제약회사 중 하나인 아스트라제네카 (AstraZeneca)의 홍보부 부장 크리스 메이저(Chris Major)가 들려준다. 그는 업무를 처리하거나 친구들과 잡담을 나눌 때 지나치게 이메일에 의존하는 모든 이들에게 경고를 보낸다. 정신이 번쩍 들게 하는 지적이 아닐 수 없다.

"사람들은 때로 순진하게도 이메일이 공적인 커뮤니케이션 수단이 아니라고 믿어버리는 것 같습니다."

문자 메시지

"제 심장은 한 달에 300번 정도 놀랍니다. 문자 메시지가 도착할 때마다요." 무명씨

신기술이 '새로울' 수 있는 기간은 그리 길지 못하다. 그러나 다행스럽게도 커뮤니케이션에서는 기존의 방식에 적용되는 규칙이 새로운 모든 것에 적용되는

것이 보통이다.

문자 메시지의 인기는 이동전화 제조업체인 노키아조차 놀라게 했으며, 이제 문자 메시지를 이해하는 것은 현대의 커뮤니케이션 현상으로 자리 잡았다.

이 기술을 처음 사용한 것은 십 대들이었다. 그들은 친밀하고 비밀스럽게 연락을 취하는 이 방법이 일반 전화 통화 요금보다 저렴할 뿐 아니라 나름의 신비함이 있다는 것을 증명해 보였다. 심지어 그들만의 언어를 만들어내기도 했다.

문자를 하나하나 힘겹게 입력하는 방법은 금방 구식이 되었다. '예상' 문자를 제시해주는 기능이 도입되고 새로운 어휘를 '학습'할 수 있는 이동전화가 개발되었기 때문이다.

입력이 간편해지면서 문자 메시지의 인기는 더욱 높아졌고, 첫 데이트의 마무리는 집에 가는 길에 장난스런 문자 메시지를 주고받는 정도에 이르게 되었다.

몇몇 상업적인 기업들은 고객에게 접근할 수 있는 이 새로운 방법을 이용하려고 발 빠르게 움직였고 꼼꼼하지 못한 사용자들이 이에 말려들었다. 별 의심이 없는 수신자들에게 고가의 정보서비스를 이용하게 하거나, 기타 돈을 뜯어내는 여러 술책을 무더기로 동원하는 것이 이들의 상술이었다.

이제부터는 커뮤니케이션의 한 방법으로서 문자 메시지를 살펴보고 이 기술에 대한 찬반양론을 검토해보고자 한다.

우선 이동전화의 발전과 이동전화에 대한 현재의 사고방식에 대해 이야기해 보자. 사실 초기의 이동전화는 이름만 '이동전화'였다. 초기 제품들은 배터리가 너무 커서(게다가 따로 분리되어 있었다) 들고 다니려면 별도의 체력 강화 훈련을 받아야 할 정도였다. 물론 전화기를 훔쳐가는 일도 훨씬 드물었다. 웬만한 도둑 아니고는 그런 전화기를 들고 달아날 힘이 없었기 때문이다.

하지만 지금 우리가 처해 있는 상황은 그와는 정반대다. 휴대폰의 크기가 너무 작아져 사용이 어렵다고 불평하는 사람이 있는가 하면, 단지 너무 작다는 이유 때문에 매년 엄청난 수의 휴대폰이 분실되고 있다. 분명 그중에는 차 위에 올려놓았다는 걸 깜박 잊고 운전을 한 경우도 수없이 많을 것이다.

문자 메시지의 기준

문자 메시지의 '수신인', '내용' 등을 생각할 때 고려해야 할 가장 중요한 요소는 이동전화가 지극히 개인적인 장치라는 점이다. 휴대폰이 발명되기 전에는 집 혹은 사무실 전화가 커뮤니케이션의 공동 장비로 인식되었다. 하지만 지금은 이동전화를 다른 사람과 일대일로 접촉하는 수단으로 생각할 가능성이 훨씬 높다.

이동전화의 기능이 보다 정교해지고 있기 때문에 앞으로 이러한 사고방식은 더 굳어질 것이다. 이동전화기에는 이미 '나만의 벨소리', '나만의 그래픽', '나만의 주소록' 같은 기능이 사용되고 있다. 또 사진 및 동영상 전화가 일반화되면서 이동전화는 점차 우리 자신과 우리의 삶의 방식을 기록하는 수단이 되고 있다.

친구들과 나누는 문자 메시지의 친밀성 때문에 사람들은 자신의 전화를 더욱더 보호하려고 한다. 따라서 언제든 요청받지 않은 메시지를 보내려고 할 때에는 먼저 당신이 어떤 입장인지 확실히 인식해야 한다.

 가라사대
수린더 훈달 — 노키아

핀란드 사람들은 거의 100퍼센트 이동전화를 가지고 있습니다. 그리고 자신의 전화와 일종의 관계를 형성하고 있지요. 핀란드 십 대들과 이야기를 나누어보니 전화가 없으면 벌거벗은 것 같다고 하더군요. 전화를 잃어버리느니 집 열쇠를 잃어버리는 게 낫다고 할 정도죠. 집에서 나설 때도 먼저 전화를 챙기고 그 다음에 지갑과 열쇠를 챙긴다고 합니다.

고객의 정보를 알고 있는 기업들 사이에 모종의 신뢰 관계가 구축되고 있다는 징후가 나타나고 있다. 현재의 잔고를 알려주거나 곧 신용불량 상태가 될 수 있다는 사실을 문자 메시지로 알려주는 은행들이 점점 더 많아지고 있는 것이 그 증거이다. 하지만 이러한 서비스는 거의 모두 '신청'을 했을 때만 이용할 수 있다. 즉 문자 메시지를 통해 최신 정보를 받기 위해서는 고객이 은행에 찾아가서 직접 등록을 해야 한다는 것이다.

그런데 이러한 정보 제공에는 다음과 같은 함정이 있을 수 있다. 일부 부동산 중개인들이 잠재 구매고객에게 그들이 요구하는 조건에 적합한 부동산의 상세 정보를 문자 메시지로 보내는 서비스를 했다. 수신자들은 그러한 서비스가 제공되는 이유는 이해했지만, 중개업자에게 서비스를 해도 좋다는 의사 표시(서비스 신청)는 하지 않은 상태였다. 거기다 알맞은 부동산을 찾은 뒤에도 (종종 다른 중개업자들이) 계속 메시지를 보내자 문제는 더욱 악화될 수밖에 없었다.

한 수신자는 당시의 느낌을 이렇게 표현했다.

그들은 그저 도와주려는 것뿐이라는 건 알았죠. 한편으로는 내가 전화번호를 자발적으로 알려준 것이니 어쩔 수 없다는 생각도 했습니다. 하지만 솔직히 말하면 집을 보러 가자는 이야기로 들렸을 뿐이었어요.

집을 구하는 그 얼마간 저는 메시지가 도착할 때마다 여자친구가 꽤 괜찮은 곳을 찾아서 연락했나 보다고 생각했지만, 부동산 중개업자가 보낸 터무니없는 정보라는 것을 알곤 크게 실망했습니다. 휴대전화로 스팸 메일을 받는 느낌입니다.

결국 우리는 다른 중개업자를 통해 집을 구하게 됐지요.

문자 메시지에서 최대한 많은 것을 얻으려면 문자 메시지의 '물리적 한계'도 이해하고 있어야 한다. 문자 메시지는 입력되는 글자 수에 제한이 있다. 그리고 현실적으로도 화면의 크기가 작기 때문에 내용을 길게 입력하는 것은 위험할 수 있다. 수신자가 끝부분을 읽을 때쯤 처음 내용을 잊어버릴 수도 있으니 말이다!

문자 메시지는 초대, 사과, 공감 표시와 같이 뭔가 알릴 내용이 있을 때 사용하는 것이 최선이다. 비즈니스에서 문자 메시지를 사용하려 할 때는 먼저 그 혜택에 대해 생각해보라.

- 문자 메시지는 지극히 개인적이다. 사람들은 당신을 친구로 여기게 될 것이다.
- 문자 메시지는 신속하다. 공식적인 커뮤니케이션 후 사용하면 좋다.
- 문자 메시지는 간단명료하다. 간단한 메시지를 효과적으로 전달한다.
- 문자 메시지는 혼동될 여지가 없다. 여타 커뮤니케이션 수단의 '잡음'에 방해받지 않는다.

비즈니스에서 문자 메시지를 훌륭하게 사용하는 예는 다음과 같다.

- 팀원에게 '아주 잘했다.'고 말할 때
- '우리가 판매왕을 차지했다!'는 결과를 발표할 때
- 동료에게 '상관이 너만 못살게 구는구나.'라는 공감의 말을 전할 때

■ '난 금요일 12시 괜찮아.'라는 정보를 전할 때

문자 메시지는 누군가를 해고할 때 권할 수 있는 방법이 아니다.

　[참고: 우리가 이 책을 쓴 직후 영국에서 처음으로 휴대전화를 사용해 직원들을 대량 해고하는 사태가 벌어졌다. 보상 청구 전문업체 액시던트 그룹(The Accident Group)이 대대적인 구조조정을 단행하면서 휴대전화를 통해 직원들에게 해고 사실을 알린 것이다.]

가라사대
수린더 훈달 — 노키아

문자 메시지는 일대일 면담보다 거리감이 있기 때문에, 관리자들은 문자 메시지를 이용하면 나쁜 소식을 수월하게 전할 수 있다고 생각할 수도 있습니다. '상대방의 눈'을 똑바로 쳐다볼 필요는 없으니까요. 이에 어떤 파장이 따를지는 생각하지 않고, 나쁜 소식을 전하는 문제를 해결할 수 있다고 생각하는 것이지요.

문자 메시지를 비즈니스 도구로 활용하려고 생각하고 있다면 장점과 단점이 있다는 것을 알아야 한다. 문자 메시지가 점점 더 대중적인 매체가 되고 있는 건 분명한 사실이다. 하지만 모든 회의 일정을 문자 메시지로 잡는다거나, 모든 고객들에게 10퍼센트 할인 일자를 문자로 알려주기 전에 먼저 위의 경고들을 유념해야 할 것이다.

　마지막으로 이 기술에 정통한 전문가, 수린더 훈달의 이야기를 더 들어보자.

노키아에서는 우리가 하는 일의 사회적 영향에 대해 끊임없이 이야기를 하지만, 미래 모습을 미리 확신할 수 없을 때도 있습니다. 문자 메시지가 그런 경우였죠. 우리가 처음 단문전송서비스(SMS: Short Messaging Service)를 개발했을 때는 회의 일정을 잡으면서 사람들의 참석 여부를 확인하는 등 주로 비즈니스에 사용될 것이라고 생각했습니다. 하지만 현재는 매달 약 80억 건의 문자가 전송되고 있지요.

흥미로운 점은 전송 건수의 상당수가 그리 중요하지 않은 메시지라는 것입니다. 문자 메시지는 거의 말과 같아요. 사람들은 문자 메시지로 서로 대화를 나누죠. 확실히 사회적 행동에 변화가 나타난 것이라고 할 수 있습니다.

노키아 내부에서도 문자 메시지는 아주 유용합니다. 특히 무언가를 알려야 할 때 그렇죠. 예를 들어 사람들에게 발표 결과를 전하거나 이메일이나 인트라넷에 등장한 뉴스를 알려주고 싶을 때가 있습니다. 그럴 때 문자 메시지는 소식을 전달해줄 수 있는 확실한 방법이 됩니다.

인터넷 글쓰기

꼭 웹 카피를 쓸 필요가 없더라도 이 주제는 두 가지 면에서 도움이 될 수 있다. 우선은 좋은 카피와 나쁜 카피를 이해함으로써, 다른 기업들이 자신들의 웹상의 이미지에 대해 얼마나 인식하고 또 얼마나 공을 들이고 있는지 판단하는 능력을 키울 수 있다. 뿐만 아니라 훌륭한 웹 카피를 작성하는 훈련을 하면, 다른 양식의 글을 표현할 때도 어떤 식으로 표현해야 청자의 관심과 반응을 최대한 이끌어낼 수 있는지 배울 수 있을 것이다.

인터넷이 다른 이유

- **읽히는 속도가 아주 느리다** — 컴퓨터 화면으로 글을 읽으면 읽는 속도가 현저히 줄어든다.(최대 30퍼센트 줄어든다고 말하는 사람들도 있다.) 여러 이론들로 그 이유를 제시하고 있는데, 활자의 '질'이 일부 원인이 되는 것은 분명하다. 물론 성능이 좋은 프린터로 고해상도 인쇄를 하면 읽기가 쉽지만, 이번에는 웹 디자인에 영향을 받는다. 웹 페이지에는 주위를 산만하게 만드는 것이 아주 많으며 그 때문에 자꾸만 텍스트에서 눈을 떼게 되고 집중이 어려워진다.

- **그 속도는 더욱 느려지고 있다** — 인터넷 텍스트를 읽는 속도를 떨어뜨리는, 단순하지만 실질적인 이유는 몇 가지 더 있다. 우선 복잡한 구조를 가진 사이트가 많아서 다운로드에 많은 시간이 소요된다. 또 긴 문단을 사용하고 있는 웹 사이트도 많다. 문단이 길면 스크롤을 해야 하는데, 페이지를 넘기는 것이 시간이 훨씬 적게 걸린다.

- **활용 방법** — 무엇 때문에 인터넷을 사용하는지 한번 생각해보자. 자료 검색, 경쟁사 모니터링, 정보, 재미, 여가, 온라인 예약 및 은행 업무, 뉴스나 일기 예보 등 열거하자면 끝이 없다. 그런데 어떤 경우든 어느 정도의 '서핑'이 필요하다. 서핑을 할 때는 가볍게 페이지를 넘기면서 사이트를 여기저기 이동하지, 무언가를 자세히 읽는 경우는 거의 없다. 인터넷에서 글을 쓰는 양식이 그 어느 매체보다 엄격한 것은 바로 이 때문이다.

- **마음가짐** — 책상 위에 놓인 100페이지짜리 보고서를 읽기 위해 따로 시간을 정해두는 것과 사이버 공간을 들락날락하는 것 사이에는 엄청난 차이가 있다. '잠깐 인터넷 좀 들여다볼까?'라는 말을 당신은 수도 없이 사용하고 있다. 그런 만큼 두 경우에서 나타나는 집중력 차이는 확연하다. 당신은 이런 상

황에서 당신의 사이트를 방문하는 사람들을 강력하고 신속하게 끌어들일 수 있어야 한다. 가능한 빨리 그들이 원하는 것을 제공하고 다른 곳으로 이동할 수 있게 해주어야 한다.

- **경쟁적인 시간 압박** — 정보의 과부하 현상으로 인해 우리는 모든 것을 요약 보고서 형태로 읽어야 하는 경우가 많아졌다. 그 결과 '요약 문화'가 나타나기도 했지만, 이것이 필연적 현상이 되어가고 있음을 감안할 때 웹 페이지 역시 대세를 따를 필요가 있다. 인터넷이란 공간은 너무나 넓고 온갖 유형의 경쟁 사이트가 존재하기 때문에, 사람들은 원하는 것을 찾을 수 있는지 알아보기 위해 더 이상 한 곳에 매달리지 않는다. 다운로드가 너무 느리거나, 자료 찾기가 수월하지 않거나, 구성이 어수선하거나, 찾는 정보가 즉시 제공되지 않으면 사람들은 그 페이지에서 나와 다른 곳에서 검색을 한다.

이 모든 상황을 극복할 수 있는 방법을 찾아낸다면 당신은 간결하고, 유익하고, 재미있는 글쓰기의 전문가가 될 수 있다. 그 비결은 아주 간단하다.

- **중요한 것을 가장 먼저** — 전문가들은 웹 카피를 작성할 때 '역피라미드 형태'로 쓰라고 말한다. 가장 중요한 정보를 위쪽에 두고 아래에 상세 내용을 배치하라는 것이다. 즉 스토리 · 제안 · 정보 등을 최대한 신속하게 전달하는 것부터 시작한다. 원한다면 헤드라인식으로 구성해도 좋다. 사람들은 이 부분을 근거로 계속 읽을 것인지 아니면 다른 페이지로 갈 것인지 그 자리에서 결정을 내릴 것이다. 그러니 시작 부분은 제대로 만들어야 한다.
- **훑어보기 좋게** — 사람들이 느긋하게 앉아서 웹 카피의 글자 하나하나를 모두

읽지 않는다는 것은 이미 충분히 입증된 사실이다. 죽 훑어보고 핵심만 파악하는 경우가 대부분이다. 레이아웃을 염두에 두고 가능한 여백을 많이 사용한다면 이러한 사람들의 성향에 쉽게 맞출 수 있을 것이다. 웹에서는 여백이 많으면 읽기가 정말로 더 수월하다.

- **요약하라** ─ 글머리 기호는 전달하고자 하는 바를 요약해주는 훌륭한 수단이다. 처음 한두 문단으로 서두를 시작한 후, 스토리의 핵심이나 당신이 하는 제안의 혜택을 글머리 기호를 사용하여 요약하면 된다.
- **장황한 말은 가라** ─ 방향을 잃은 긴 문장은 바로 퇴장이다. 당신에게 필요한 것은 말해야 할 내용을 전달해줄 다수의 짧은 문장들이다. 어떤 이유에선지 이런 스타일이 읽기에는 훨씬 쉽다. 또 사람들이 당신이 말하는 내용을 더 많이 기억하게 된다는 부수적 이점도 있다.

당신이 완성한 웹 카피는 다음 요소들을 모두 갖추고 있는가?

- 한눈에 이해할 수 있다.
- 여타 글 분량의 절반 정도로, 말이 간결하다.
- 쉬운 말로 단순하게 쓰였다.
- 페이지의 목적과 연관이 있는 내용이다.

글머리 기호

글머리 기호를 사용한 목록은 쉽게 눈에 들어오긴 하지만, 구성이 엉성한 경우가 많다. 글머리 기호를 더욱 효과적으로 사용할 수 있는 몇 가지 비법을 소개하면 다음과 같다.

첫째, 목록은 단일한 주제를 중심으로 구성되어야 한다. 어떤 주장을 뒷받침하는 여러 가지 이유를 모아놓은 것이거나, 단순히 이름이나 문구를 나열해놓은 형태가 될 수 있다.

예를 들어 어떤 신제품의 장점에 대해 설명한다고 해보자. 당신은 '신뢰성'이나 '편리함' 같은 명사를 사용할 수도 있고, '오래 쓸 수 있다' 등의 동사를 사용할 수도 있으며, '튼튼하다'거나 '편리하다'와 같은 형용사를 사용할 수도 있다. 되도록 한 종류의 말을 사용하는 것이 좋다. 세 가지 모두를 사용하는 것이 가장 안 좋은 방법이다.

모양과 관련해서는 글머리 기호의 길이가 대체로 동일한 것이 좋다. 그러면 정리도 더 쉬워진다. 대문자를 사용하느냐, 소문자를 사용하느냐 혹은 마침표의 사용 여부 등은 중요하지 않다. 다만 일관성은 유지해야 한다.

글머리 기호는 목록의 각 항목들이 동일한 무게와 중요성을 가질 때 사용해야 한다.

만일 사용설명서나 길 안내와 같이 내용에 논리적 순서가 있는 경우라면, 글머리 기호보다는 번호 매기기를 사용하여 그 순서를 따라야 한다는 표시를 해주어야 한다.

당신은 이러한 인터넷 글쓰기의 여러 방법들을 다양한 문자 커뮤니케이션에 그대로 혹은 나름대로 변형을 해서 적용할 수 있다. 당신은 분명 훨씬 더 간명한 글을 쓸 수 있게 될 것이다. 다른 사람들이 당신의 그러한 새로운 스타일을 맘에 들어 하는지 알고 싶다면 동료들 몇몇에게 부탁해 피드백을 받아보기 바란다.

6장 엘리베이터 테스트

- 이메일은 빠른 속도로 가장 일반적인 문자 커뮤니케이션 형태가 되어가고 있다. 그런 만큼 신중하게 사용해야 한다.

- 이메일은 반드시 수신자에게 '의미가 있는' 것이어야 한다. 간결하게 작성하고 핵심을 전해야 한다.

- 이메일로 말싸움을 하지 마라. 풀어야 할 갈등이 있다면 직접 대면하여 해결한다.

- 문자 메시지는 신기술을 통틀어 가장 개인적이고 가장 친밀한 커뮤니케이션 수단이다.

- 문자 메시지는 무언가를 알리기에는 좋은 매체이지만, 고객과의 커뮤니케이션에 사용하기에는 적절하지 않은 매체이다.

- 인터넷 글쓰기를 하려면 훈련이 필요하다. 그리고 다른 문자 커뮤니케이션에서 쓰이는 단어 양의 절반이면 충분하다.

- 사용자들은 웹 페이지를 그냥 훑어보기만 하는 경향이 있다. 따라서 메시지는 강력해야 할 필요가 있으며 디자인은 단순하게 하는 것이 좋다.

듣기

듣기와 말하기

지금까지는 글쓰기의 요소에 대해 살펴보았다. 이제는 우리가 살면서 매일매일 본능적으로 그리고 자연스럽게 하고 있는 활동인 듣기와 말하기에 대해 살펴보기로 하자. 우리가 논의했던 커뮤니케이션의 다른 측면들과 마찬가지로, 이 주제를 보다 의식적인 차원에서 다루는 것이 우리의 목표이다. 이를 통해 당신은 현재 당신이 말하고 듣는 방식을 분석하고 개선시킬 수 있을 것이다.

그 후에는 배운 내용을 적용하여 말하기의 효과와 듣기의 유용성을 증대시키는 방법에 대해 살펴볼 것이다. 여기에는 전화 통화를 하는 방법, 회의를 할 때 주의해야 할 점, 소규모 혹은 대규모 청중에게 보다 설득력 있게 메시지를 전달하는 방법에 대한 내용이 포함될 것이다.

듣기의 방법

왜 우리는 좀 더 귀를 기울이지 않는 것일까?

가라사대
존 에이커스 — 릴레이트 사 카운슬러

대부분의 사람들은 다른 사람의 말에 열심히 귀 기울이도록 교육받지 않았습니다. 사람들은 어린시절부터 질책을 받지요. 학교에 들어가면 더 많은 질책을 받게 되고, 직장생활을 하면서도 마찬가지입니다. 그래서 확실하게 의식하지 못하는 한, 대부분의 사람들은 방어적이 되는 것 같습니다.
　사람들은 치명적이지 않은 경우에는 상처를 받아들이도록 하는 방법을 찾아야 합니다. 그러면 사람들은 성장하고 변화할 수 있는 기회를 갖게 되지요.

듣기의 일반 규칙

말하기보다 듣기에 대해 먼저 살펴보는 데에는 충분한 이유가 있다. 바로 듣기를 통해서 말하기에 필요한 정보를 얻기 때문이다. 다시 말해, 우리가 하는 말은 앞에 나왔던 말에 지배를 받기 마련이기 때문에, 다른 사람의 관점을 이해하는 것은 적절한 반응을 보이는 데 도움이 된다.

　이와 더불어, 주의 깊게 듣고 있다는 인상을 줄 때 얻을 수 있는 혜택에는 두 가지가 더 있다. 우선은 상대방을 존중한다는 느낌을 줄 수 있고, 또 충분한 시간을 가지고 적절한 반응을 궁리할 수 있다. 공식적인 인터뷰 상황에서 이 기법이 얼마나 유용할지 생각해보라.

실제보다 더 주의를 기울이는 것처럼 보일 수 있는 기법이 몇 가지 있기는 하지만, 흥미가 전혀 없는데 그렇지 않은 척하기는 대체로 어려운 일이다. 더구나 아래의 이야기에 나타난 것처럼 오랫동안 그런 위장을 하기란 더더욱 어렵다.

💡 굿 스토리: 기초대사만 하고 있더군

매달 열리는 간부 회의는 항상 필요 이상으로 길어지곤 한다. 가장 지겨운 부분은 재무부 부장인 로저(Roger)가 진행하는 판매 현황에 관한 프레젠테이션이다. 모두들 흥미가 있는 것처럼 보이려고 안간힘을 쓰지만, 단조롭고 밋밋한 톤으로 유머 한 번 없이 세부사항을 일일이 챙기는 그의 프레젠테이션은 시련과도 같다.

한번은 월례 회의가 끝나고 영업부 부장이 마케팅 이사에게 다가가 이렇게 말했다. "오늘 오후 로저가 프리젠테이션을 하는 동안 자네를 지켜봤는데, 기초대사만 하고 있더군."

어쩌면 당신 역시 이런 사람일 수 있다. 만일 당신이 정기 미팅에서 비슷한 상황에 처한다면, 시간을 낭비하지 말고 상황을 관리하려고 노력해보라. 당신이 충분한 영향력을 행사할 수 있는 경우라면(즉 그런 말썽을 부리는 사람의 직속 상관이라면), 직접 혹은 삼자를 통해 적절하게 코치를 하는 방법을 생각해보라.

그 정도의 영향력이 없을 경우에는 행동에 변화를 줄 수 있는 방법을 찾아본다. 예를 들어, 당신 순서가 되었을 때 아이디어가 번득이는 흥미로운 보고서를 발표한다거나, 상대방에게 재미있는 질문을 던져 단조로움을 깰 수도 있을 것이다.

이 경우에도 칭찬이 중요할 수 있다. 그들이 맡은 분야를 무시하지 말고 당신이 필요한 정보를 이끌어낼 수 있는 방법을 찾아라. 다음과 같이 말이다.

> "로저, 그룹별로 전체 수치와 그것이 감소한 것처럼 보이는 이유만 설명해
> 줄 수 있겠나? 개별 부서의 수치들은 나중에 이메일을 보내주면 각자 살펴
> 볼 수 있으니 말이야."

이제 여러 가지 상황에 처할 경우 적용할 수 있는 방법들을 생각해보자.

자연스러운 관심 나타내기

다른 사람의 말에 진심으로 관심을 가지게 되면 의식하지 못한 상태에서 많은 비언어적 신호를 보내게 된다. 이 말은 곧 누군가가 말할 때 우리가 의식적으로 그런 행동을 하게 되면, 상대방은 자연스럽게 당신이 그의 말에 완전히 매료되었다고 생각하게 된다는 것이다. 기자나 영업사원 그리고 구혼자들은 관심 있는 태도를 보이는 데 아주 능숙하다. 하지만 앞서 경고한 바와 같이 관심이 전혀 없다면 오랫동안 그렇게 하기는 불가능하다.

관심이 있음을 나타내는 자연스런 행동에는 다음과 같은 것들이 있다.

- 시선을 맞춘다.
- 몸을 앞으로 기울인다.
- 말하는 사람의 동작이나 버릇을 따라한다.
- '개방적'인 자세를 취한다.
- (고개를 끄덕이거나 미소를 짓는 등) 수시로 동의한다는 신호를 보낸다.

'시선을 맞추는 것'은 당신의 관심이 얼마나 지대한지를 상대방이 알게 하는 데 지극히 중요한 요소이다. 이는 남녀가 만날 때 핵심적인 부분이며, 비즈니스에 있어서도 마찬가지이다. 우리는 시선을 맞추지 않으려는 사람은 교활하고 믿을 수 없는 사람이라고 판단하는 경향이 있다. 하지만 너무 자주 시선을 맞추는 것도 상황에 따라서는 위협적이 될 수 있다는 사실도 유념해야 한다.

우리가 이용할 수 있는 중요한 몸짓 중 하나는 한 마디도 놓치지 않으려고 단단히 작정이라도 한 듯, 말하는 사람 쪽으로 몸을 기울이는 것이다. 이때 조심해야 할 것은 모든 신호가 조화를 이루어야 한다는 것이다. 예를 들어, 누군가가 나를 향해 몸을 숙이는데 얼굴 표정은 험악하다면 그가 전달하는 것은 호의가 아니라 위협이다.

'따라하기'는 상대방이 하는 모든 행동을 모방하면서 호기심을 표현하는 것이다. 이로써 우리는 상대방에게 공감대가 형성되었다는 것을 무의식적으로 보여주게 되며, 그 사람 개인과 행동을 선호한다는 신호를 보내게 된다.

'다리를 꼬거나 팔짱을 끼는 것' 혹은 '웅크리고 앉은' 자세는 당신이 방어적 태도를 갖고 있다는 것을 보여준다. 심지어는 겁에 질려 있거나 두려워하는 것처럼 보일 수도 있다. 긴장을 풀고 팔과 다리는 꼬지 말고 편안하게 내려놓는 것이 좋다.

라디오나 텔레비전에서 진행되는 인터뷰를 살펴보면, 초대 손님이 계속 말을 하도록 사회자가 열성적으로 그리고 자주 동의의 표시를 한다는 것을 알 수 있다. 때로는 '아', '그렇군요', '정말이요?'라는 말로 응수해주기까지 한다.

때로 모든 방법이 실패로 돌아가면 침묵한 채 신경전을 벌이기도 한다. 사람들 대부분은 공석에서 침묵이 흐르면 본능적으로 불안해한다. 이 때문에 침묵은 상대방으로 하여금 공백을 채울 수 있도록 계속 말하게 하는 훌륭한 수단이 될 수 있다.

한편 다른 사람이 하는 말에 진정으로 공감을 하게 되면 (고개를 끄덕이는 동작과 함께) 미소를 띠는 것으로 그 감정을 표현한다. 대부분의 화자는 상대방의 이러한 태도를 보면서 자신이 굉장한 이야기를 했다는 생각을 하게 된다.

이러한 행동이 도움이 되는 상황은 면접, 상품 선전, 회의 등을 포함하여 수도 없이 많다. 누군가를 속이거나 거짓말을 하라는 것이 아니다. 단지 상대방이 마음을 열게 만드는 방법을 이해하라는 것뿐이다.

일부 극단적인 상황에서는 경청 능력이 생사가 걸린 문제가 될 수도 있다. 서매러튼 자선단체의 경우가 그렇다.

 ### 전문가 발언대
사이먼 암슨 — 서매러튼

모든 커뮤니케이션에는 3단계가 있습니다. 우선 '전송' 단계가 있어야 하고, 메시지가 전달되는 '매체'가 있어야 하며, 마지막으로 '수신' 과정이 있습니다.

서매러튼의 커뮤니케이션에서 절대적으로 중요한 것은 바로 주의를 기울여 듣는 능력입니다. 그리고 들리는 내용뿐 아니라 행간의 숨은 뜻도 읽을 수 있어야 하지요.

사람들은 많은 업무를 전화로 처리하는데, 통화 중 일어나는 비언어적 커뮤니케이션의 양을 알면 많은 사람들이 놀랍니다. 우리들은 그러한 신호를 감지해낼 수 있어야 합니다. 듣기 기술을 아주 정교하게 연마해야 하는 것도 이 때문이죠.

저는 경청하는 것과 그냥 듣는 것은 엄연히 다르다고 생각합니다. 정말로 들어야만 경청할 수 있습니다. 귀로 들어오는 소리의 파장에 반응하는 것만으로는 경청이 되지 않습니다. 그 내용이 무엇인지, 무엇을 표현하고 있는지, 언급되지 않은 것은 무엇인지, 어떤 감정으로 말하고 있는지, 어떤 느낌이 담겨 있는지 정말로 들어야 한다는 것이죠. 그게 바로 진정으로 경청하는 자세입니다.

전화 통화를 할 때도 우리가 듣는 것은 소리만이 아닙니다. 침묵도 들리고 잡음도 들립니다. 숨소리, 울음소리, 한숨소리 등 말입니다. 외부 환경과 관련되어 있을 수 있는 이런 소리들을 통해서 상대방의 위치를 파악할 수도 있겠죠. 길거리에 있는지, 공중전화 박스 안에 있는지, 아니면 집에 있는지 등등을 말입니다. 또 텔레비전이나 라디오를 켜놓았는지, 부근에 애완동물이 있는지도 알 수 있겠죠. 이 모든 것들은 상황을 파악하는 데 도움이 됩니다.

듣는 것과 경청하는 것에는 중요한 차이가 있습니다. 듣는 것은 수동적인 행동입니다. 하지만 경청하려면 반드시 노력이 필요하지요.

언제 들을 것인가

"입 다물고 들으세요! 1분 말했다면 2분 동안은 들어야 합니다."
데이비드 클러터벅 ― 교수

항상 고도로 집중하여 무언가를 듣는다는 것은 자연스럽지 않을 뿐 아니라, 그 방법이 모든 상황에 적절한 것도 아니다. 예를 들어 라디오 방송을 온 정신을 집중해 들은 적이 있는가? 도대체 왜?

한편 지리를 잘 모르는 도시에서 길을 물어야 하는 상황이라면 분명 대답에 집중하게 될 것이다.

대부분의 비즈니스 상황은 이 두 극단 사이에 있는데, 그 지점을 정하는 것이 경청을 잘하는 비결이다. 어떤 상황에서 얼마나 집중해야 하는가의 문제는 분명 그 상황의 중요성과 직접적으로 관련이 있다. 당신의 직무 내용과 부서에 따라 나름대로의 기준 목록을 만들어볼 수 있을 것이다. 거기에 다음의 네 가지 상황도 추가해본다.

- 첫 미팅 때
- 협상을 할 때
- 발표를 할 때
- 위계질서를 지켜야 할 때

이 상황들에 대해서는 조금 설명을 해야 할 것 같다. 먼저 새로운 고객이나 공급업체, 심지어는 같은 기업의 다른 부서 사람들과의 첫 미팅은 힘의 균형을 확립하는 중요한 순간이다. 따라서 반드시 주의를 기울여야 한다. 한편 협상이 필요한 모든 상황은 듣기의 관점에서 봤을 때 그 이상으로 중요하다고 할 수 있다. 협상의 순간에는 끊임없이 세력 균형의 변화가 논의되기 때문이다.

발표 역시 세심한 주의가 필요하다. 상부에서 내려온 정보를 전달하는 것인만큼 당신은 전달 내용을 해석하여 동료들이나 당신의 팀원들에게 내용의 함의를 개략적으로 제시할 수 있어야 한다. '위계질서가 있는 상황에서 경청하기'는 간단하다. 상관이 이야기를 할 때는 주의를 집중하는 것이 당연하니 말이다!

물론 이런 상황에서만 주의를 집중해서 경청을 하라는 건 아니다. 이 외의 다른 상황에서는 그 누가 말한다 해도 신경 쓸 것 없다는 뜻이 아니기 때문이다. 어떤 상황에서는 각별한 집중이 요구된다는 것일 뿐이다.

이때 정말 효과적으로 활용할 수 있는 방법이 하나 있다. 진행 상황에 주의를 집중해야만 하는 중대 회의를 매일 일지에 기록하는 것이다. 회의의 결과가 어떨지 예상해보고, 그 회의들이 우선시되는 이유들을 곰곰이 생각해본다.

커뮤니케이션 연결의 장이 열리는 시간을 당신이 결정할 수 있다면, 아침으로 시간을 잡는 것이 좋을 것이다. 사람들이 주의 집중을 잘 할 수 있는 시간은 아침이기 때문이다. 학창시절을 돌아보면 오후에는 (체육, 미술, 공예 같이) 정신노동이 덜 필요한 수업들이 더 많았던 것을 기억할 것이다.

상황에서 한 발짝 물러나 이야기에 귀를 기울이는 능력은 성공적인 커뮤니케이터의 특징이다.

 가라사대

사이먼 테링턴 — 휴먼 캐피털

얼마나 듣는가와 어떻게 듣는가 그리고 얼마나 말하는가와 어떻게 말하는가에 적절한 균형을 가해야 합니다. 자신감이 넘치고 성공한 사람들은 들으려고 하는 경향이 있습니다.

예를 하나 들어보죠. 학교생활이 힘든 아이가 이렇게 말합니다. "아빠, 나 학교가 싫어요." 그러면 아빠는 곧바로 자신의 일대기를 읊기 시작하는 거죠. "내가 너만 했을 때는 열심히 공부했다. 수학 실력은 반에서 최고였고, 시험에서 좋은 성적을 받기 위해 계속 노력했어……." 그러면 아이는 절망감에 빠져 아무 말도 못하고 그저 바라볼 뿐이죠.

이럴 때 아빠는 이렇게 말해야 합니다. "학교에서 안 좋은 일이라도 있었니?" 그러면 아이는 "네, 과학 시간에 도무지 감을 못 잡겠어요." 라든가, "선생님을 이해할 수가 없어요." 라고 이야기를 꺼내게 됩니다. 그걸 가지고 이야기를 나누다가 아이가 어떤 상황에 있는지가 파악되면 문제를 실제적으로 진단하고 해결책을 처방해줄 수 있겠죠. 그런데 아파서 찾아간 의사에게 말을 꺼내기도 전에 그가 "약 여기 있습니다. 이 약을 먹으면 나아질 겁니다. 안녕히 가세요!" 라고 말한다면 정말 황당하겠죠.

7장 엘리베이터 테스트

- 듣는 것이 말하는 것보다 중요하다.

- 다른 사람이 하려는 말에 먼저 귀를 기울여라. 더 나은 반응을 떠올릴 수 있을 것이다.

- 주의를 집중시키는 방법을 익혀서 적절한 상황에 적용하라.

- 입 다물고 들어라! 1분 말했다면 2분 동안은 듣는다.

- 직장의 일과 중에서 집중을 해야 할 가장 중요한 순간은 언제인지 결정하라.

- 오전 시간에 집중력의 강도를 높인다.

8장

말하기

말하기…에 관한 진실

> "글을 쓰는 능력보다 말하는 능력이 훨씬 중요합니다. 문자보다 목소리를
> 이용하는 것이 메시지를 전달하는(즉, '나누는') 더 강력한 방법이기 때문입
> 니다. 말할 때는 억양만으로도 당신의 생각이 드러납니다."
>
> 러셀 그로스먼 — BBC

8장에서 우리는 메시지 및 메시지의 전달 방법을 고찰하게 된다. 먼저 '당신이
말하려 하는 내용'에 대해 생각해보자. 어떤 내용의 메시지이든, 그것을 세 덩어
리로 압축시키는 습관을 들이기 바란다.

이 '세 가지 이론'은 이미 여러 차례 검증을 받은 것이다. 정치인이나 연설가
들도 주로 이 방법을 사용하여 전달하고자 하는 메시지를 세 가지로 묶곤 한다.

우리는 이 이론의 타당성을 두 가지 면에서 생각해볼 수 있다.(세 가지라면 구색

이 더 잘 맞았을 텐데 안타깝다.) 첫째, 모두 알다시피 집중의 범위에는 한계가 있다는 것이다. 주어지는 정보의 양이 많으면 많을수록 집중의 범위는 더욱 제한된다. 정치·경제 등을 다루는 '딱딱한 시사 프로그램' 조차도 시청자들이 소화할 수 있도록 내용을 세분화시키는 건 바로 이 때문이다.

둘째, 누군가에게 전하는 말이 단 한 가지가 되면 사람들이 그것을 아주 중요한 것으로 간주하게 된다는 것이다. 전달해야 하는 메시지가 열 개라면 각 메시지의 중요성은 단 하나의 메시지를 전달할 때에 비해 열 배가 감소한다. 따라서 독립적인 메시지를 많이 전달하려 할수록 개별 메시지의 중요성은 감소하게 된다. 한 번에 세 가지 이상의 메시지를 전달하려는 위험을 감수할 필요는 없다.

성공을 위한 열두 가지 핵심 계획을 막 세운 참이라 이 세 가지 이론을 적용하기가 곤란하다면, 그 계획에 3단계가 있는 것으로 구성해보라. 각 단계에 몇 가지 하위 부분을 포함시키는 것이다.(결국 네 개의 하위 부분이 포함되는 셈이다.)

메시지를 구상할 때는 청자의 입장에 서봐야 한다. 당신의 커뮤니케이션이 어떻게 해독되고 이해될 것인지를 따져봐야 한다는 것이다. 당신이 말하는 내용은 여러 가지 요소에 지배받을 것이며, 그중 일부를 나열하면 다음과 같다. 당신이 일하는 기업의 종류에 따라 여기에 나름의 항목을 추가시킬 수 있을 것이다.

- 당신은 얼마나 알고 있는가?
- 당신 외에 또 누가 알아야 하는가?
- 그들에게 얼마나 말해주어야 하는가?
- 무언가를 비밀로 해야 할 이유가 있는가?
- 어떤 영향이 있을 것인가?(사기를 높이는 데 영향을 미칠 것인가, 업무 방식에 변화

가 생길 것인가?)

- 상업적으로 민감한 부분이 있는가?

- 타이밍은 얼마나 중요한가?

- 어떻게 하면 전체 리스크가 최소화되는가?(때로는 아무 말도 하지 않는 것이 더 위험할 수 있다.)

이와 관련해 상관, 동료들, 부하 직원 등 주위 사람들의 행동을 참고할 수 있을 것이다. 하지만 선을 그을 지점을 결정할 수 있는 건 당신뿐이다. 솔직함이 도를 넘어 경솔함이 되는 지점이 어디인지를 생각해야 한다. 다른 사람에 대한 진정한 관심이 그들의 사생활에 대해 떠들고 싶은 욕구로 변질되는 지점은 어디일지, 건전하지 못한 비밀주의가 다른 이들에게 어떤 영향을 미칠지 생각해봐야 한다.

말하기의 방법

> "자신이 참여하고 있는 프로젝트를 하나의 문장으로 만들어보는 것은 아주 좋은 아이디어라고 생각합니다. 당신에게 메시지를 신속하게 전달할 능력이 있음을 확인시켜주는 훌륭한 방법이지요. 동시에 정신을 집중시켜준다는 부수적 혜택도 있습니다."
>
> 캐리 쿠퍼 — 교수

메시지의 내용이 결정되었다면, 어떻게 전달할 것인가의 문제가 남는다. 이때는 당신이 선택한 말의 형식과 전달의 물리적 요소 모두를 고려해야 한다. 가장 먼저 해야 할 일은 메시지의 본질을 추출하는 것이다. 이 책에서 우리가 각 장이 끝날 때마다 '엘리베이터 테스트'라는 이름으로 내용을 요약하듯이 말이다.

이렇게 하면 정말로 중요한 내용에 주의가 집중되는 경향이 있다. 당신의 메시지를 핵심 요소로 추려내는 훌륭한 방법인 것이다.

아주 탁월한 커뮤니케이터들은 어떤 커뮤니케이션을 하든 미리 자신의 메시지를 결정하고 끊임없이 그것을 전달한다. 마이크로소프트의 고위 경영진들이 언론 대응 훈련을 받고 있다는 것은 이미 알려진 사실이다. 그들은 어떤 내용이 논의되든 상관없이 그것을 마이크로소프트의 방식과 연계를 시키고, 때로는 수도 없이 회사의 이름을 언급하는 방법을 쓰기도 한다.

정치인들의 인터뷰 내용을 주의 깊게 들어보라. 그들이 자신이 전달하려고 하는 메시지 이외의 내용에 대답하는 경우가 드물다는 걸 알 수 있을 것이다. 아래의 경우처럼 말이다.

 가라사대
데렉 해턴 — 방송인, 전직 정치인

가령 저녁 뉴스에서 인터뷰를 한다고 합시다. 전달하려고 하는 메시지는 단 한 가지뿐이고요. 기자가 와서 인터뷰를 하는데, 전하려는 메시지가 '내가 입을 셔츠는 검은색이다.'라면 인터뷰는 이렇게 진행될 겁니다.

"그런데 해턴 씨, 당신이 그런 조치를 취한 후 바로 주가가 떨어진 이유는 무엇일까요?"

"제가 입을 셔츠는 검은색입니다."

"그렇다면 해턴 씨, 에버턴(Everton)이 유럽리그에 왜 진출하지 못했을까요?"

"제가 입을 셔츠는 검은색입니다."

스튜디오로 돌아온 기자에게 편집자가 "뭐라던가?"라고 물으면 "'제가 입을 셔츠는 검은색입니다.'가 전부입니다."라고 하겠죠. 편집자는 결국 이렇게 말할 겁니다. "뭐라고? 젠장, 그것뿐이라면 어쩔 수 없지. 그 내용이라도 써야겠네."

어쩌면 대부분의 일상적인 상황에서는 해야 할 말을 가급적 간단명료하고 사실 그대로 전달하는 것으로 충분할 수 있다. 여기에는 겉치레가 거의 필요 없다.

그러나 일부 유형의 메시지는 더욱 강력한 효과를 요구할 수도 있으며, 그럴 때에는 더욱 극적인 접근법을 고려할 가치가 있다.

이와 같은 멜로드라마 기법은 일대일의 소규모 미팅에는 적절하지 않을 것이다. 하지만 대규모의 청중을 사로잡아야 하는 상황, 긴 시간 동안 그들이 흥미를 잃지 않도록 만들어야 하는 상황에 직면해 있다면(특히 배부른 점심 식사 후 곧바로 연설을 하게 된 경우라면) 다음과 같은 극적인 기법들을 고려해볼 필요가 있을 것이다.

- 코미디
- 드라마
- 서스펜스
- 미스터리
- 액션
- 스릴

이와 같은 기법들에 대해 더 알고 싶다면, 영화나 무대 공연을 의식적으로 지켜보면서 당신의 내부에 특별한 감정을 불러일으키는 행동의 핵심이 무엇인지 곰곰이 생각해본다. 나는 왜 겁에 질리고, 긴장하고, 행복해하고, 감동받는가? 영화나 공연 안에서 이러한 나의 감정들을 자극하는 것은 무엇인가? 이해가 깊어질수록 당신 자신의 '공연'에서 이 기법들을 활용할 때 더 많은 도움을 얻을 수 있을 것이다.

모든 형태의 커뮤니케이션과 마찬가지로, 당신이 대면하고 있는 청자의 유형에 주의를 기울여야 한다. 그리고 청중들이 주제와 어느 정도 친밀한지, 성별은 어떻게 혼합되어 있는지, 평균 나이는 어느 정도이며, 조직 내에서 어느 정도의 위치에 올랐는지를 고려해야 한다. 그들이 메시지를 받는 양상이 어떨지 열심히 상상해보면, 메시지를 제대로 전달했는지를 판별하기가 훨씬 수월해질 것이다.

연습한 말과 연습하지 않은 말

엄격하고 신중한 절차를 거쳐 그럴듯한 문장을 준비하지 않으면 다시는 입도 떼지 못할 거라는 생각은 지나친 걱정이다. 우리는 언제나 연습하지 않고 말을 쏟아내며, 이 역시 나쁜 것은 아니다. 우리 주변에서 일어나는 일에 본능적으로 반응할 때는 연습하지 않은 말이 나오기 때문이다. 또 의견을 제시하고, 지식을 전달하며, 끊임없이 변화하는 상황에 반응하는 등 대부분의 일상적인 비즈니스를 하는 동안 사용하는 말도 그런 말들이다. 다만 이러한 유형의 커뮤니케이션과 관련하여 우리가 역설하고 싶은 것이 하나 있다면, 이따금씩 시간을 갖고 자신의 말이 어떻게 들릴지 생각해보라는 것이다.

지나치게 경박하거나, 냉소적이거나, 거만한 때가 있지는 않은가? 혹은 너무 심각하거나, 까다롭거나, 너무 지루하게 들리지는 않는가? 이런 행동을 스스로 평가하기란 쉽지 않지만, 가끔씩 시도해보는 것이 바람직할 것이다. 자신의 말이 어떻게 들릴지 인식하고 청자가 메시지를 어떻게 해석할지를 예리하게 따져본다면 훌륭한 커뮤니케이터가 되는 데 큰 보탬이 될 것이다.

한편 이와 정반대의 유형으로는 꼼꼼하게 계획하고 충분히 연습한 프레젠테이션을 들 수 있다. 이런 발표를 위해서는 혼자서 여러 번 연습을 해보게 되고, 심지어는 거울이나 믿을 만한 동료를 연습 무대로 활용하기도 하는 만큼, 말하고자 하는 내용과 전달 방식에 보다 엄격하고 객관적인 일련의 기준을 적용할 기회가 생길 것이다. 하지만 이 극단적인 두 유형 사이에도 의식 수준을 끌어올려 당신이 말하고자 하는 바를 '미리 연습' 할 수 있는 상황이 많이 존재한다.

회의가 시작하기 전 5분 동안 당신이 해야 할 말들을 정리하고 그것을 전달할 방법을 머릿속에 그려본다면, 의견을 보다 논리정연하게 전달하고 그 근거를 보다 확실하게 제시하는 데 커다란 도움이 될 것이다.

8장 엘리베이터 테스트

- 목소리는 아주 많은 것을 전달하기 때문에 글보다는 말로 설득하는 것이 훨씬 수월하다.

- '세 가지 이론'을 따르면 청자가 당신의 메시지를 파악하기가 훨씬 쉬워질 것이다.

- 목표청자에 대해 충분히 생각하라. 그들이 필요로 하는 것, 그들이 알고자 하는 것이 무엇이며, 그들이 당신 말에 어떤 반응을 보일지에 대해서 심사숙고하라.

- 핵심 메시지를 최대한 간략하게 추출한다. 당신이 진정으로 말하고자 하는 바가 무엇인지 생각한다.

- 극적인 기법은 연설에 생기를 불어넣을 수 있다. 단, 반드시 적절한 맥락에서 사용해야 한다.

- 가끔씩 다른 사람의 입장에서 자신의 말을 들어보고, 자신의 말이 어떻게 들릴지 분석해보라.

9장

듣기와 말하기

우리는 듣는 때도 있고 말하는 때도 있지만, 보통은 두 가지를 병행한다.

이제부터는 일대일 커뮤니케이션과 전화 통화와 같이 상대방을 볼 수 없는 커뮤니케이션에 어떤 차이가 있는지 살펴볼 것이다.

그 차이란 무엇일까? 커뮤니케이션은 쌍방향 프로세스인 바, 상대방에게 '메시지'를 보다 효과적으로 전송하기 위해서는 그들이 메시지를 어떻게 받아들일 것인가를 예리하게 따져볼 필요가 있다. 사람들이 겉으로 하는 말이 항상 속내와 일치하는 건 아니다.

결혼생활 상담 서비스를 제공하는 릴레이트 사가 접하는 커뮤니케이션 실패 사례는 수없이 많다. 사람들이 배우자에게 "요즘 어때?"라고 물으면 "좋아! 잘 지내."라는 대답이 돌아온다. 하지만 그들의 몸짓도 그렇게 말하고 있는가? 그렇지 않다는 것을 당신은 곧 알아차릴 수 있다. 언어 메시지와 비언어 메시지가 일치하지 않는다는 것이 눈에 확연히 드러나기 때문이다.

목소리의 억양, 자세, 얼굴 표정, 시선을 피하는 행동 모두 전혀 '좋지' 않은 상황을 나타내는 신호가 될 수 있다.

우리는 이러한 상황에 대처하는 나름의 기준(이 기준은 그 사람과 어떤 관계를 맺고 있느냐에 따라 달라진다)을 가지고 있다. 끝까지 파고들어 진짜 문제가 무엇인지 알아내야 할 때가 있고, 그러지 말아야 할 때가 있다. 서점에 가보면 이러한 내용과 관련된 서적들이 넘쳐나지만, 이 책에서 다루기에는 너무 위험한 것 같다.

이 문제를 제대로 다루지 못하면 관련된 두 사람들이 더 이상 서로에게 아무 말도 하지 않는, 커뮤니케이션 부재라는 소용돌이에 빠질 수 있기 때문이다. 결혼생활 상담가라는 전문가들이 존재하는 건 이들이 다시 대화를 나누게 하고, 이들에게 커뮤니케이션 방법을 알려주기 위해서일 것이다.

 가라사대

존 에이커스 — 릴레이트 사 카운슬러

듣기와 말하기는 상당히 중요합니다. 일반적으로 볼 때 결혼이 파경으로 이어지는 주된 원인 중 하나는 원활하지 못한 커뮤니케이션이라고 할 수 있습니다.

사람들이 우리가 하는 말에 보이는 반응을 살펴보면 그들이 실제로 어떤 생각을 하고 있는지에 대해 더 많은 실마리를 찾을 수 있으며, 우리가 원하는 결과를 얻기 위해 상황을 적절히 조절할 수도 있다.

원칙적으로 전화에서는 이것이 불가능하지만, 많은 사람과 통화해보는 경험만으로도 특정 상황에서 상대방의 분위기에 세심한 주의를 기울일 수 있다.

앞서 서매러튼 재단의 사이먼 암슨이 들려준 이야기가 바로 이것이다. 하지만 그들이 다루어야 하는 위기 상황에서만 이 기술이 적용되는 것은 아니다.

이런 현상이 가장 분명하게 나타나는 곳으로 콜센터를 들 수 있을 것이다. 은행 업무의 개척자인 퍼스트 다이렉트(First Direct)를 실례로 들어보겠다.

기술 + 인성 = 성공

폰뱅킹 서비스는 컴퓨터 기술 덕분에 이용 가능하게 되었다. 컴퓨터 기술이 전화를 건 사람의 계좌와 관련하여 필요한 정보를 이용 가능한 형태로 바꾸어 엄청나게 빠른 속도로 교환원에게 전달해주기 때문이다.

이 업무에 이상적인 사람을 뽑기 위하여 취한 방식은 태도를 보고 선발하고, 기술은 훈련시킨다는 것이었다. 즉 먼저 제대로 된 사람을 확보한 후 필요한 기술을 갖추고 업무 훈련을 받도록 했다는 이야기다.

그 결과로 아래와 같은 상황이 연출되기도 했다.

💡 굿 스토리: 프러포즈

폰뱅킹에 전화를 걸어 청구서 대금을 지불하고 잔액을 확인하는 등 일상적인 은행 거래를 마친 한 고객이 퇴직금 수표가 처리되었다는 즐거운 소식을 듣게 된다. 이제 그는 어느 정도 재정적 안정을 확보하게 된 셈이었다. 그가 통화가 끝났다고 생각하는 순간 교환원이 이렇게 말했다.

- 교환원: 메이 씨, 전화 끊으시기 전에 질문 하나 드려도 될까요?
- 고객: (퇴직금의 투자에 대한 조언이 있을 거라 생각하며) 네, 물론입니다.
- 교환원: 방금 메이 씨 계좌에 거액의 돈이 입금된 걸 확인했는데요, 혹시…….

- 고객: 네.
- 교환원: 저랑 결혼하실래요?!

이 이야기의 핵심은 특정한 상황에서 고객의 심리를 읽을 줄 아는 능력이 바탕이 되어야 고객에게 농담을 건네는 자신감이 생긴다는 것이다. 위의 경우에서는 컴퓨터 기술이 제공해준 거액의 잔고 등 여러 가지 정보와 함께 (일상적인 거래를 하는 과정에서) 고객의 유형을 파악한 것이 고객에게 위험한 농담을 건넬 수 있는 계기가 되었다. 나중에 그녀는 자신이 다섯 명의 아이를 둔 행복한 주부란 사실을 털어놓았다!

하지만 우리 대부분은 전화를 당연한 것으로 받아들이면서도 유능한 콜센터 직원처럼 효과적으로 통화에 주의를 기울이지는 못하고 있다. 어떻게 하면 전화를 잘 활용하여 보다 효과적으로 커뮤니케이션을 수행할 수 있을까?

과거 전화는 한 자리에 고정된 것이 전부였고 전화 통화가 특별한 일로 간주되던 시절도 있었다. 그러나 지금은 그 누구도 전화로 친구들과 잡담을 하거나 업무를 볼 때 주변을 의식하지 않는다. 우리가 전화 통화를 너무 쉽게 생각하게 된 것도 바로 이 때문이다. 또 이제는 언제든 전화 통화가 가능하다고 생각하기 때문에 전화 통화를 특별한 일로 여기기가 어려워졌다. 이제 전화 통화는 우리 일상의 일부가 된 것이다.

하지만 수신전화와 발신전화 사이에는 몇 가지 중대한 차이점이 있다는 사실을 인식할 필요가 있다.

- 수신전화에 대해서는 통제권이 거의 혹은 전혀 없다. 전화는 언제든 걸려올

수 있기 때문이다.

- 걸려오는 전화를 받을 때는 어떤 예측도 할 수 없다.
- 수신전화일 때는 상대방이 대화의 주제를 결정하게 된다.
- 수신전화는 종종 이상적인 시간 관리에 장애가 된다.

이러한 차이점이 있기 때문에 업무 시간에는 이러한 상황에 대처할 규정을 정해 둘 필요가 있는 것이다. 적어도 한동안은 음성 메일이라는 기술이 해결책을 제시해준 것처럼 보였다. 하지만 이제 우리는 음성 메일이나 음성 인식 메뉴를 시대의 재앙으로 여기고 있다. 사람들 대부분은 진짜 사람과 대화를 하고 싶어 하는 것이다! 음성 메일을 활용하는 방법은 잠시 후 살펴보도록 하겠다.

어떤 기업의 경영자는 하루 종일 사무실에 있으면서도 걸려오는 전화에 방해받기 싫어 항상 음성 메일을 작동시켜둔다고 한다. 그리고 가끔씩 음성 메일을 확인하고 회신을 해야 할 만큼 중요한 전화가 있는지 살펴본다.

걸려온 전화를 무시해버리는 것보다는 전화를 건 사람을 다루는 방법을 아는 것이 훨씬 나을 것이다. 또 울리는 전화를 집어들 때는 어떤 일이 일어날지 확신할 수 없기 때문에 불확실성에 대처할 준비도 해야 한다.

수신전화…에 관한 진실

이제 수신전화를 관리할 수 있는 몇몇 기술을 소개하고자 한다. 이것은 직장 생활에 필수적인(사실 아주 중요한) 부분이라고 할 수 있다.

먼저 전화를 건 사람이 누구인지 생각해본다. 그 사람은 얼마나 중요한 사람인가? 그 사람과의 전화 통화에는 보통 시간이 얼마나 소요되는가? 그 사람은 통화를 할 때 간결하고 효율적으로 하는가, 아니면 시시콜콜한 잡담만 하는가?

당신이 할애할 수 있는 시간은 얼마나 되는가? 때로는 전화상으로 가벼운 대화를 주고받는 것이 도움이 될 수도 있다. 그렇게 하여 상당한 양의 중요한 정보를 얻을 수도 있기 때문이다. 반대로, 정신없이 바쁜 날에는 대화를 짧게 끊을 수 있는 자신만의 상용 문구를 준비해둘 필요가 있다.

통화 내용의 핵심을 재빨리 간파하도록 한다. 일단 핵심을 파악하고 나면, 통화를 통제하기가 훨씬 더 쉬워질 것이다. 상대방의 문의사항을 최대한 효율적으로 해결할 수 있는 방법 몇 가지를 제시할 수 있을 테니 말이다.

개중에는 정기적으로 전화를 걸어 일상적인 내용을 문의하는 사람들도 있다. 중요하기는 하지만 급박한 경우가 아닌 이 사람들에게는 항상 특정한 시간에 전화를 해달라고 부탁할 수 있다.("오후 4시 이후에 전화하시면 통화하시기 더 쉽습니다. 보통은 그때쯤 회의가 끝나거든요.") 아니면 전화를 거는 대신 이메일을 보내달라고 한다. 그러면 그들의 문의 사항을 시간 관리가 가능한 이메일로 분류해 살펴볼 수 있다.

또 다른 전략은 가까운 동료와 수신전화를 공유하여 서로의 동의 아래 한 시간씩 교대로 전화를 받는 것이다. 이 방법을 이용하면 어느 정도 '통화 여과' 작업을 할 수 있다. 예를 들면, "상관에게서 온 전화는 바로 연결해주고, 경리부 니콜라스에게는 나중에 전화하겠다고 전해줘."라고 하는 것이다. 이 외에도 두 가지의 부수적인 혜택이 있는데, 첫 번째는 전화를 건 사람이 기계가 아닌 사람과 대화를 나누게 된다는 점이다. 두 번째 이점은 회신을 하기 전에 우선순위 정리를 신속하게 할 수 있다는 것이다. 또 동료가 당신을 대신해 문의사항에 답변해주는 경우도 있을 수 있다.

시간에 쫓기고 있다면 전화를 건 사람의 말을 정중하게 끊을 수도 있을 것이다.

아마 당신은 사람들에게서 벗어나는 이 기술에 생각보다 능숙할 것이다. 우리는 모두 나름대로 여러 가지 어구를 만들어두고 시간에 쫓겨 서둘러야 할 때 무의식적으로 이 말들을 사용하고 있는 것이다.

- "저, 중간에 말을 끊어서 죄송하지만, 제가 지금 정말 시간이 없어서요."
- "솔직히 말씀드리면, 이 논의는 뒤로 미루는 것이 좋겠습니다. 그러면 저도 이 문제에 대해 좀더 신중하게 생각해볼 수 있을 것 같군요."

이와 함께 상대방이 한참 말을 하고 있는데 그것을 멈추고 싶을 경우, 이용할 수 있는 요령 두 가지를 소개하면 다음과 같다. 우선은 "존, 그거 정말 흥미롭군. 그런데……"와 같은 식으로 그의 이름을 부르는 것이다. 정말로 못 견디겠다 싶을 때에는 "어쨌든 말야." 하면서 충분히 이야기를 들었음을 표시한다. 그러면 아무리 수다스러운 사람이라도 즉시 입을 다물게 될 것이다.

음성 메일 이용 방법

우리는 이미 다른 기술들이 발전한 결과 생겨난 이점에 대해서는 살펴봤으나, 음성 메일에 대해서는 그리 많이 논의하지 못했다. 음성 메일이 끔찍한 것은 사실이지만, 우리의 삶에 꼭 필요한 부분이기도 하다.

이 부분은 음성 메일을 사용할 때 생기는 고통이나 불편함, 골칫거리를 최소화하는 방법을 다루고 있다. 음성 메일은 즉각적이지는 못하지만 쌍방향 소통 수단이 될 수 있다.(서로 엇갈리기 일쑤이던 옛날에는 특히 유용했다.) 따라서 음성 메일은 수신 및 송신 커뮤니케이션의 양 측면에서 살펴봐야 한다.

또한 잘못 사용하면 중요한 수신 메시지를 놓칠 수 있다는 점도 고려해야 한다. 단지 응답 메시지를 잘못 녹음하는 것만으로도 얼마나 많은 사람이 그냥 전화를 끊어버릴지는 결코 알 수 없는 일이다!

옛날에 음성 메일이 훌륭한 아이디어로 인식되었던 이유는 무엇일까?

■ 그 자리에 있지 않아도 수신전화에 '응답'을 할 수 있다.
■ 전화를 건 사람이 내가 남긴 메시지를 듣게 된다.
■ 시간을 보다 효율적으로 관리할 수 있다.
■ 밖에서도 메시지를 확인할 수 있으므로 굳이 사무실로 돌아오지 않아도 된다.
■ 전화를 거는 사람은 다시 전화를 하지 않아도 되기 때문에 시간을 절약하고 수고를 덜 수 있다.
■ 전화를 건 사람은 우리가 그들이 남긴 메시지를 받을 수 있을 거라고 확신할 수 있다.
■ 근무 시간 이후에도 메시지를 남겨두면 다음날 처리할 수 있다.

이 모든 이유가 그럴 듯하게 들린다. 대다수 사용자가 음성 메일을 남용하는 일만 없다면 음성 메일은 '커뮤니케이션 툴박스'에 추가로 들어갈 수 있는 훌륭한 도구가 될 것이다.

사람들이 전화를 걸 때 정말로 원하는 것은 당신과 직접 통화하는 것이다. 그들의 문제점을 해결하고 조언을 제시하거나 도움을 줄 수 있는 사람은 바로 당신이기 때문이다. 만일 당신이 없다면 당신과 함께 일하는 동료로서 똑같은 일을 하는 사람과 통화를 하고 싶어 할 것이다. 그러면 자신의 문의 사항에 대해 어느 정도의 대답을 얻을 수 있기 때문이다. 이럴 경우 나중에 당신이 세부사항을 정리해줄 수도 있다.

다음으로 좋은 방법은 어떻게든 '사람'이 메시지를 받게 하고, 현재 당신이 자리에 없으며 반드시 메시지를 전하겠다고 약속해주는 것이다.

음성 메일은 최후의 수단이다.

음성 메일 사용 기법

지켜야 할 것

다른 사람의 응답 메시지를 주의 깊게 들어보면 그들이 언제 회신을 해줄지, 혹은 회신을 해주거나 할지도 알지 못하는 경우가 많을 것이다. 이 부분에서는 응답 메시지를 다루는 방식과 응답 메시지에 포함되어야 할 내용에 대해 몇 가지 조언을 하고자 한다.

- 이름 — 당신에게 말 한 마디 건네본 적 없는 사람이 전화를 건다면, 무슨 수로 당신이 그가 찾는 사람이라는 것을 확인할 수 있겠는가?
- 직장의 명칭 — 외부에서 전화를 걸었을 때 직통으로 연결되는 시스템인 경우에는 특히 회사 명칭을 확실히 밝혀줄 필요가 있다. 전화번호를 잘못 누른 경우 엉뚱한 곳에 전화했다는 것을 알 수 있을 것이다!

- **날짜** — 메시지는 매일 변경해야 한다. 그러면 적어도 전화를 건 사람이 당신이 3개월간의 세계일주를 위해 잠적해버린 건 아니라는 사실은 알 수 있다. 또 이렇게 할 경우 당신이 보다 효율적인 사람으로 보인다는 효과도 있다. 당신이 휴가를 떠난 경우에는 다른 규칙이 적용된다.(아래 참고)
- **당신의 일정에 대해 짤막하게 설명한다** — 짤막해야 한다는 것을 강조하고 싶다. 당신의 일정에 대해 이야기해주면 상대방의 기대를 관리할 수 있다. 하루 종일 사무실에 없을 예정이라면, 그러한 내용을 남긴다. 그러면 상대방은 한 시간 내에 전화를 해줄 거라는 기대를 하지 않을 것이다. 또 종일 회의가 있다면 그 내용을 남긴다. 당신에게 계속해서 전화 거는 일이 없을 테니 말이다.
- **비상 연락번호를 간단히 남긴다** — 이 방법은 역효과가 날 수 있으니 신중해야 한다. 만일 전화를 대신 받아서 정리해주기로 한 동료가 있다면, 그 번호를 남긴다. 하지만 걸어도 소용이 없을 번호는 남기지 말아야 한다. 하루 종일 휴대전화 전원을 꺼둘 거라는 사실을 알면서 이동전화 번호를 남기면, 전화 건 사람의 화만 돋울 뿐이다.

목소리 — 어떻게 말해야 하는가

- **빠른 속도로 말한다** — 적어도 평소보다는 빨리 말하는 것이 좋다. 그러면 메시지를 신속하게 전달할 수 있고 목소리에 나타나는 열정을 증가시킬 수도 있다. 메시지를 느린 장송곡처럼 전하면, 당신이 업무에 그다지 관심이 없는 사람이라는 인상을 주게 된다.
- **일정한 메시지 양식을 이용한다** — 세부적인 내용은 매일 변경하되, 메시지의 형식은 당신에게 익숙한 것으로 유지한다. 그래야 메시지를 남길 때 끊기는

일 없이 자연스럽게 이어질 것이다.

■ **또박또박 말한다** ― 말씨에 신경을 쓰라는 의미다. 여러 단어를 연이어 발음하거나 웅얼거리는 것은 금물이다. 메시지가 명확하지 않으면 사람들은 당신이 언제 회신을 해줄지 도무지 알 수가 없다. 심지어는 당신이 회신을 하지 않기를 내심 바랄 수도 있다.

■ **메시지를 남기기 바로 전에 숨을 깊이 들이쉰다** ― 메시지를 녹음할 때는 단숨에 전체 내용을 말해야 한다. 이것이 불가능하다면 내용이 너무 길다는 뜻일 것이다. 중간에 숨을 쉬지 않는 이 방법은 메시지를 '깔끔하게' 만들 수 있는 비결이다.

■ **열정적으로 들리도록 한다** ― 지루하고 단조로운 것보다는 높낮이가 바뀌는 목소리가 훨씬 낫다. 당신이 좋아하는 사람이 전화를 건다고 상상하고, 전화를 받을 수 없어서 진심으로 유감이라는 감정을 충분히 전달하도록 하라.

■ **반드시 다시 들어본다** ― 메시지의 시작 부분이나 끝 부분이 잘리진 않았는지, 또는 녹음된 응답 메시지와 신호음 사이가 너무 길지는 않은지 반드시 확인한다. 음성 메일에 녹음된 자신의 목소리에 만족해하는 사람은 극히 드물겠지만, 객관적인 태도를 가지도록 노력한다. 당신이 중요 고객이라고 가정했을 때 방금 녹음을 마친 그 메시지에서 어떤 인상을 받을까? 이 사람의 메시지를 들으니 같이 일하고 싶은 마음이 생기는가? 대답이 '아니오'라면 다시 녹음한다.

금지사항

■ **쓸데없는 말은 금물** ― 당신이 자리에 없다는 사실에 상대방은 이미 '심기가

불편' 해졌기에 당신이 얼마나 바쁜지, 왜 직접 전화를 받을 수 없는지 장황한 설명을 듣고 싶어 하지 않을 것이다. 사무적이면서도 친절한 태도를 보인다.

- **망친 메시지는 남기지 않는다** — 어떤 식으로든 제대로 되지 않았다면 처음부터 다시 녹음하는 것이 좋다. 목소리 억양에 문제가 있을 때, 메시지 내용이 불확실할 때, 웅얼거리거나 말실수를 했을 때 또는 사무실에서 동료들이 큰 소리로 떠드는 소음이 함께 녹음되었을 경우가 그렇다.

- **웃기려고 하지 마라** — 무례한 언급이나 빈정거림, 회사를 비꼬는 것 모두 안 된다. 당신과 절친한 동료라면 이 모든 것이 아주 재미있다고 생각할지 모르겠지만, 고객은 그렇지 않다! 설사 당신의 메시지가 정말로 웃긴다 해도 석 달 동안 똑같은 내용을 수차례 듣게 된다면 더 이상 재미가 없을 것이다.

- **다른 사람이 녹음하게 하지 말 것** — 전화를 건 사람을 배려하지 않는 것처럼 보일 것이다. 직접 메시지를 녹음하는 것이 훨씬 좋은 방법이다.

- **꼭 필요할 때만 사용하라** — 걸려오는 전화를 심사하기 위해 음성 메일을 사용하는 것은 정말 나쁜 아이디어다. 사람들 대부분은 금방 당신의 행동을 알아차리게 될 것이고, 당신의 음성 메일 메시지를 들을 때마다 그 자리에 있으면서도 당신의 전화를 받지 않으려 한다고 생각하게 될 것이다. 가장 성공적인 비즈니스 커뮤니케이션은 듣기와 말하기에서 비롯된다는 점을 고려할 때, 그 기회를 차단해버리는 것은 바보 같은 짓이 아닐 수 없다.

- **지나치게 사과하지 않도록 하라** — 지금은 전화를 받을 수 없어 어쩔 수 없이 음성 메일을 사용하는 것에 지나치게 미안해하는 것은 시간 낭비일 뿐이다. 요즘 사람들은 모두 완벽하지는 않지만 이 기술이 나름대로 제 역할을 하고 있다는 사실을 이미 잘 알고 있기 때문이다.

예제 1 — 일상적인 메시지의 좋은 사례

"안녕하세요, 더 인 온 더 그린(The Inn on the Green)의 헤이즐 블룸(Hazel Bloom)입니다. 오늘은 11월 5일 수요일입니다. 지금 전화를 받을 수 없으니 메시지를 남겨주시거나 휴대폰으로 연락 주십시오. 휴대폰 번호는 01234 567 89, 01234 567 89입니다. 전화 주셔서 감사합니다."

예제 2 — 휴가 중 메시지의 좋은 사례

"안녕하세요, 더 인 온 더 그린의 헤이즐 블룸입니다. 저는 11월 20일, 목요일까지 휴가입니다. 긴급한 사항이 있으시면 01234 678 45, 01234 678 45의 트리시아에게 연락 주십시오. 아니면 저에게 메시지를 남겨주셔도 됩니다. 돌아오는 즉시 연락드리겠습니다. 전화 주셔서 감사합니다."

실전과제: 다른 사람의 음성 메일에도 귀 기울여라

다른 사람들의 음성 메일 사용법을 통해서도 많을 것을 배울 수 있다. 음성 메일의 메시지를 듣게 되면 하던 일을 멈추고 열심히 귀를 기울여보라. 그리고 다음의 세 가지 질문에 대답해보라.

- 나는 얼마나 많은 정보를 얻었는가? 다시 전화할 가치가 있다고 생각되는가? 상대방이 나에게 회신을 해줄 것 같은가? 그렇다면 언제인가?
- 느낌이 어떤가? 상대방의 태도는 적극적이고 열정적이었는가? 나의 전화를 받지 못해 염려하는 것처럼 보이는가?
- 상대방은 어떤 유형의 커뮤니케이터인가? 효율적이고 열정적인 유형인가 아니면 게으르고 무관심한 유형인가?

신기술에는 언제나 우리를 놀라게 하는 굉장한 요소가 따라다니기 마련이지만, 신기술은 금세 익숙해져 일상생활의 일부가 된다. 그리고 이렇게 신기술을 당연하게 생각하는 순간 그 사용법에 관심을 갖지 않게 될 위험이 생긴다. 음성 메일은 자산이 될 수도 있고 부채가 될 수도 있다는 사실을 유념해야 한다. 음성 메일을 적절히 이용하는 관건은 그 사용 방법이다.

발신전화…에 관한 진실

지금까지 우리는 수신전화의 예측 불가능성에 대처하는 몇 가지 방법들을 살펴보았다. 이 방법들은 당신의 시간 및 통화 자체를 보다 효율적으로 통제하고 관리하는 데 도움을 줄 것이다. 발신전화의 경우에도 대화를 나누게 된다는 점은 수신전화와 같지만, 통제권의 정도에는 차이가 난다. 앞서 수신전화와 발신전화의 차이점에 대해 논했던 부분을 다시 한 번 살펴보면, 발신전화에서는 어떻게 주도권을 잡게 되는지 확인할 수 있을 것이다.

발신전화에 대해 논의하는 이 부분은 먼저 첫 통화, 즉 이제까지 한 번도 이야기를 해본 적이 없는 사람과의 통화를 다룬 후, 아는 사람과의 통화에 대해 이야기하게 될 것이다. 후자에는 오래된 친구에서부터 이제까지 불과 몇 번밖에 상대해본 적이 없는 공급업체에 이르기까지 모든 사람이 포함될 정도로 광범위하지만, 적용되는 기본 원리는 동일하다.

첫 통화

첫 통화는 미래의 성공을 이루는 데 있어, 달리 말하면 비즈니스와 관련된 모든 관계에서 중대한 요소가 될 수 있다. 그런 맥락에서, 첫 통화에서 주도권을 잡고 또 그것을 유지할 수 있는 몇 가지 방법을 조언해주고자 한다.

전화를 건 이유에 대해 늘어놓기 전에 먼저 당신은 적절한 통화 상대부터 찾아야 한다. 신뢰할 수 있는 사람을 통해 특정 사안에 대해 접촉할 사람의 정보를 알았다면 문제가 없지만, 그렇지 않은 경우라면 빨리 그런 사람을 찾아야 한다.

발신전화는, 미리 준비하는 태도를 연습할 수 있는 훌륭한 기회가 된다. 전화기를 집어 들기 전에 미리 전화 통화의 목적을 충분히 생각해두어야 하기 때문이다. 열차표를 예약하는 경우라면 그다지 어려울 것이 없지만, 상관이 고급 그래픽 디자인 서비스를 제공하는 공급업체를 찾으라는 지시를 한 경우라면 준비하는 데 더 많은 시간이 필요할 것이다.

일단 적임자와 통화를 할 수 있게 되었으면 자신이 그 사람과의 관계를 어떻게 진척시키고 있는가를 확인해야 한다. 이 기술은 그 필요성을 계속 의식하는 한, 시간이 흐르면 자연스럽게 향상된다.

다음과 같은 짧은 문구를 사용할 수도 있다. '내가 지금 제대로 하고 있는 것인가?', '이것은 내 일에 해당하는가?', '이 일은 내가 도울 수 있는 일인가?'

첫 통화임에도 관계에 큰 진전이 있다면 사업적인 대화와 사교적인 대화가 함께 오갈 수 있을 것이다. 단 도를 지나치지 않도록 조심해야 한다.

또 통화를 끝낼 시점을 간파하는 기지도 갖추고 있어야 한다. 상대방이 '이 사람에게서는 절대 벗어나지 못할 것'이라고 생각하며 전화기를 내려놓길 원하지 않는다면 말이다.(한편, 상대방이 '어쨌든' 등의 말을 사용한다면 당신은 이미 일을 그르친 것이다.)

통화를 끝낼 때는 당신이 끝까지 완벽한 통제권을 쥐고 사업상 해결해야 할 모든 요구사항을 처리한 후 좋은 분위기로 통화를 끝내거나, 아니면 상대방이 통화를 '끝낼' 뜻이 있는지 유심히 살핀다. 상대방이 이제까지 통화한 내용을 요약하거나 다음 통화 약속을 잡으려 한다면 통화를 끝내고 싶다는 뜻이다.

상대방이 통화에서 필요한 것을 얻었는지 마지막으로 한 번 더 확인해볼 수 있다. 이제까지 논의한 내용의 핵심 사항을 정리하면 다음과 같다.

- 적절한 수준으로 준비하라.
- 이 사람이 통화할 적임자인가?
- 상대방의 기분을 나타내는 신호에 귀를 기울여라.
- 통화 내용을 수시로 확인하라.
- 상대방이 통화를 끝내려는 신호에 귀를 기울여라.
- 명확한 성과가 나왔는지 확인하기 위해 마지막 점검을 해라.

아는 사람과의 통화

아는 사람과의 통화가 가지는 장점은 일반적으로 관리가 훨씬 용이하다는 것이다. 모르는 사람과의 통화에 비해 통화의 길이나 주제 그리고 억양 등을 당신이 통제할 수 있는 확률이 더 높다.

반면 단점이 있다면 지나친 친밀감이 쉽게 개입될 수 있으며, 당장 해결해야 할 일을 제쳐두고 길고도 두서없는 잡담만 하게 될 수 있다는 것이다. 이미 언급했듯, 어떤 상황에서든 최상의 결과를 얻으려면 사교적 대화와 사업적 대화 사이에서 균형을 잡아야 한다.

가벼운 대화는 절대 나누지 않고 지나치게 사업적인 태도로 나가는 것은 아주 위협적으로 보여 자칫하면 상대방이 호되게 야단을 맞는 듯한 기분을 느낄 수도 있다. 한편 사업적 논의가 전혀 없이 순전히 잡담만 하게 되면 상대방은 당신이 과연 업무 처리 능력이 있기는 한지 의구심을 갖게 될 것이다.

상대방이 원하는 저마다의 방식을 파악하여 대응하는 것은 당연한 일이다. 비즈니스를 시작하기 전에 가벼운 농담을 주고받는 걸 선호하는 사람이 있는가 하면, 그러한 잡담을 별로 달가워하지 않는 사람도 있다. 이때 적용할 수 있는 유일한 규칙이 있다면 상대방이 보내는 신호에 귀를 기울이고 그들의 다양한 개성을 머리에 각인시키라는 것이다.

상대방의 관심사나 자녀의 이름, 그 외의 기타 세부 사항을 (머릿속이나 여타 다른 곳에) 기록해두는 것도 좋은 방법이다. 앞으로의 대화에 일종의 공통분모가 될 수 있기 때문이다. 하지만 너무 지나치면 경박한 사람으로 보일 수 있으니 주의하라!

발신전화에서 마지막으로 기억해야 할 것은 발신전화를 시간 관리의 핵심 요소로 활용할 수 있다는 것이다. 우선순위가 정해진 발신전화 목록을 만들어두면 일과 시간 및 발신전화 시의 통화 시간을 조절할 수 있다.(아직 이런 습관이 없다면 이 책의 3부에서 아주 훌륭한 조언을 구할 수 있을 것이다.)

이 방법을 활용하면 대개의 경우 통화 시간을 조절할 수 있다. 이때 합리적인 기준을 적용하는 것이 중요하다. 집중이 잘 되는 아침에는 중요한 전화 통화를 하고, 일상적인 통화는 오후에 하도록 한다.

여러 군데에 같은 내용으로 전화를 해야 할 때는(예를 들어 약속을 잡을 경우) 한꺼번에 몰아서 한다. 생산 라인의 기법을 적용하듯이 말이다.

(친구나 동료에게 거는) 가벼운 내용의 전화 통화는 일종의 보상으로 활용할 수

도 있다. 아주 어려운 리포트를 작성한 후로 통화 일정을 잡아두는 것이다.

회의…에 관한 진실

> "회의는 상대방의 말을 경청하는 연습을 할 수 있는 아주 좋은 기회라고
> 생각합니다. 하지만 반드시 실행이 따라야 합니다. 그렇지 않으면 회의장
> 은 그저 잡담을 나누는 장소가 되어버리고 말 테니까요."
> 크리스 메이저 — 아스트라제네카

사업상의 회의는 우리가 커뮤니케이션을 수행할 때 사용하는 주된 수단이며, 그
형태도 아주 다양하다. 회의의 유용성 정도는 당신의 역할, 통제권, 기대치에 따
라 저마다 달라진다.

　당신이 참여하는 회의의 유형은 아마 다음과 같을 것이다.

■ 팀원 모두에게 일별·주별 현안을 알려주고 논의하기 위한 팀 정기회의

■ 현재 진행 중인 프로젝트에 대해 논의하거나 차후 몇 주의 목표를 설정하는
　직속상관과의 일대일 회의

■ 신규 주문 가능성, 고객을 위한 서비스 개선 방법을 논의하는 고객과의 만남

■ 문제 해결을 위한 새로운 아이디어를 창출하는 브레인스토밍 회의

회의 준비는 어떻게 할 것인가

회의를 마치면서 어떠한 구체적 대책도 없는 것에 지치거나 짜증이 나거나 혹은
단순히 화가 날 때, 당신이 회의를 얼마나 잘 준비했는지 한번 생각해보라. 당신

에게도 일부 문제가 있을 것이다. 물론 당신과 함께 회의에 참석했던, 둔하거나 허풍스럽거나 자기중심적이거나 지극히 멍청한 사람을 탓할 수도 있다. 하지만 세상의 모든 문제를 한꺼번에 해결할 수는 없지 않은가.

전장에 들어가기 전에 잠시 준비 시간을 가진다면 긍정적인 결과를 얻을 가능성이 훨씬 높아지게 된다. 이를 위한 출발점은 회의의 목적이 무엇인가를 고려해보는 것이다. 목적이 무엇인지도 모른 채 회의에 참석하는 사람이 얼마나 많은지 알고 나면 아마 깜짝 놀랄 것이다. 이렇게 회의의 목적을 분명하게 인식하지 못하게 되면 회의의 공통분모는 최저치로 떨어지게 된다.

회의의 목적을 알게 되면 자신의 역할을 설정하게 되고, 자신이 회의 준비에 얼마나 많은 시간을 할애해야 할지에 대해서도 판단을 내릴 수 있게 된다.

당신의 다이어리에 '주간 판매 현황 보고'라는 회의 일정이 적혀 있다고 해보자. 흥미를 가질 수는 있겠지만 (경청의 기술을 사용하는 것 외에는) 노력할 수 있는 부분이 그다지 많지는 않을 것이다. 하지만 차후의 승진이나 재정 상황과 직접적으로 관련된 '연례 업무성과 평가'가 있다면, 당연히 좀 더 많은 시간을 투자해 준비해야 할 것이다.

이제 회의에 참석하는 사람에 대해 생각해보자. 이때는 참석자의 수와 그들의 지위, 이 두 가지를 고려해야 한다. 내부 회의일 경우, 참석자가 당신의 동료인지 부하 직원인지 아니면 경영진인지 생각해본다.

외부 회의인 경우에는 고객이나 공급업자 또는 일반 대중이 참석자가 될 수 있다. 참석자에 따라 다른 프레젠테이션 형식이 필요할 것이다.

회의에 참석하는 사람이 누구인지 파악하게 되면, 회의에서 얼마나 많은 통제권을 쥐게 될지 알 수 있다. 고객이 제시한 안건을 중심으로 진행되는 고객과의 회의에서는 당신이 회의를 이끌 수 있는 여지가 거의 없다고 봐야 한다. 하지만 잠시 시간을 갖고 회의에서 어떤 내용이 논의될지를 살펴보는 정도의 노력은 해야 한다. 그래야만 의견을 제시할 수 있고, 최악의 경우에는 적절한 방어도 할 수 있을 것이기 때문이다.

 가라사대

크리스 메이저 — 아스트라제네카

저는 어떤 고위 공무원이 주관하는 회의에 참석한 일이 여러 번 있습니다. 그 사람은 회의가 시작되기 전에 미리 의사록 초안을 작성해서 들어오곤 했지요. 자신이 원하는 결론을 명확히 하려는 것이었습니다.

그리고 그 초안을 몇 군데 수정하는 것만으로 회의의 모든 안건에 대한 참석자들의 논의 내용을 담곤 했지요. 그리고 '그럼, 이렇게 결정된 것에 모두 동의하십니까?' 로 회의를 마무리하곤 했어요.

일단 그의 그런 방식을 이해하게 되면, 놀랍게도 회의는 순조롭게 진행되곤 했습니다! 모든 사람에게 이런 방식을 권하고 싶지는 않지만, 흥미로운 접근법인 것만은 분명합니다.

이는 개인의 의견을 지나치게 통제하는 태도로 보일 수도 있다. 하지만 논의의 속도와 내용을 지배할 수 있다면 자신만의 방식으로 논의를 끌고 나갈 가능성이 높다는 것만은 확실하다.

어떤 회의에서 제한된 통제권밖에 행사할 수 없다면, 의견을 제시할 시기를 신중하게 생각할 필요가 있다.

의사록과 관련해서는, 내용을 얼마나 자세히 기록할 것인가에 대해 회의 참석자들과 의견 일치가 있어야 한다. 회의의 모든 내용을 빠뜨리지 않고 기록한 의

사록이 더 나을 때도 있지만, 대부분의 회의는 그렇게까지 엄격하지 않다.

한편 의사록 작성에는 신경 쓰고 싶지 않다고 생각할 수 있는데, 그럴 경우 회의를 훨씬 비효과적으로 만드는 결과를 초래하고 만다. 최소한 실행해야 할 조치의 내용과 명칭 그리고 그 조치가 완결되어야 하는 날짜가 포함된 목록은 필요하다. 당신이 회의를 주재하는 위치에 있다면, 회의 마지막에 이런 목록으로 전체 내용을 요약해도 좋을 것이다. 그러면 참석자 모두가 다음 회의 때까지 해야 할 일이 무엇인지 명확하게 알 수 있을 것이다.

의견을 제시하는 적절한 시기

회의를 위해 만반의 준비를 갖춘 사람이라면, 자신이 특히 관심을 두고 있는 안건이 상정되었을 때 누구보다도 먼저 말을 꺼내고 싶을 것이다. 논의 주제가 논쟁의 여지가 있고 당신 의견에 대한 반대 의견이 있을 거라고 예상되는 경우에는, 당신의 주장을 먼저 펼치는 것이 좋을 때가 있다. 당신의 의견이 반대 의견을 제시하기 힘든, 설득력 있는 주장일 경우에는 특히 그렇다.

하지만 많은 경우 어떤 안건에 대한 여러 주장들은 모두 나름의 합리적인 근거를 가지고 있다. 이러한 상황에서는 한발 뒤로 물러서서 먼저 다른 사람의 말을 경청하는 것도 결코 나쁘지 않다. 다른 사람의 말을 경청해보면 회의장 내의 분위기가 얼마나 격양되어 있는지, 누가 어느 입장에 서 있는지, 또 상대방의 설득에 개방적인 쪽은 어디인지 판단할 기회가 생긴다. 그리고 우둔한 입을 열기 전 자신의 주장을 가다듬을 수 있는 시간적 여유도 생긴다.

가라사대

사이먼 테링턴 — 휴먼 캐피털

경청이 지닌 힘을 항상 염두에 두어야 합니다. 회의에 참석하는 사람들을 살펴보면 대개 지위가 높을수록 말을 줄이고 더 많이 듣지요.

정말로 효과적인 설득은 모든 요소를 심사숙고한 후, 사람들이 최대한 수용할 수 있도록 메시지를 구성하는 것이다. '바보들이나 서두른다.'는 말은 괜히 있는 것이 아니다.

굿 스토리: 어느 켈트인의 열정

웨일즈 출신의 한 열성적인 경영자는 회의에서 분출시키는 열정으로 유명했다. 그는 어떤 주제에 대해서든 감정적인 독백을 읊을 수 있는 사람이었으며, 종종 자신을 핍박받는 사람들을 위한 투사로 내세웠다.

동료들은 처음에는 이런 모습에 압도되어 그의 말이 끝나면 자발적으로 박수갈채를 보내곤 했다.

하지만 좀 더 깊숙이 살펴보자, 그의 영혼 속에서는 열정이 지옥불처럼 활활 타올랐으나 정작 머릿속에는 그에 부합하는 내용이 거의 없다는 사실이 드러났다. 어쩌다 간혹 자신이 한 말을 논리적으로 뒷받침하는 경우에도, '그렇다면, 발전을 위해 우리가 실질적으로 어떤 조치를 취해야 한다고 생각하십니까?'라는 질문을 받으면 그는 자신에게 아무런 아이디어가 없다는 것을 시인해야만 했다!

우리는 커뮤니케이터가 가진 최고의 무기는 열정이라고 주장하곤 한다. 하지만 현실적인 주장 역시 훌륭한 무기가 될 수 있음을 항상 염두에 두어야 한다!

회의 준비 시간은?

회의 준비 시간과 관련해 정해진 규칙 같은 것은 없다. 그것은 판단의 문제일 뿐이다. 하지만 당신이 지침으로 활용할 수 있는 것이 있으니 그것은 바로 예측이다. 회의를 통해 얻고자 하는 것이 무엇인지 생각해보고 다른 사람의 입장에 서보는 것이다.

당신이 그다지 중요하게 생각하고 있지 않은 팀원들과의 일상적 회의가 그들에게는 아주 중대한 것일 수 있다. 혹시 그들이 진행하고 있는 프로젝트가 험난한 고비를 맞고 있지는 않은가? 문제를 해결하는 데 도움을 필요로 하고 있지는 않은가? 같은 팀 동료들 간에 갈등이 일어나고 있지는 않은가? 이러한 문제는 사전에 파악하기가 어려운 것이 보통이다. 하지만 적어도 그 회의가 상대방에게 얼마나 중요한지 감지만 해도, 상대방의 말을 인내심을 가지고 경청하고, 협력하여 해결책을 이끌어낼 수 있도록 준비하는 일이 가능하다.

마지막으로 항상 회의 장소를 확인하는 것이 좋다. 엉뚱한 곳으로 가지 않으려면 당연히 챙겨야 할 사항이다!

굿 스토리: 괜한 오해를 사다

BBC의 한 중간 관리자가 국장이 주관하는 브리핑에 참석하라는 통보를 받았다. 어떻게 자신의 이름이 회의 참석자 명단에 올랐는지 알 수 없었지만(모임에 참석하기로 되어 있는 사람들 대부분은 그녀보다 고위직 간부였다) 어쨌든 그녀는 넉넉하게 시간을 잡고 출발했다.

런던 중심가에 있는 BBC 본사(Broadcasting House)에 도착한 그녀는 중앙 계단을 통해 회의가 열릴 거라 짐작한 회의실로 올라갔다. 그런데 마침 국장이 내려오고 있는 것이 아닌가.

"안녕하세요." 그녀가 말했다. "회의에 참석하려고 왔는데요, 장소가…… 회의실이 아닌가요?" 국장은 이번 회의는 본사 건물에서 열리지 않는다고 정중하게 설명해주며, 기사가 모는 자기 차를 타고 (회의가 열리는 장소인) 메릴본 하이 스트리트(Marylebone High Street, 런던 중서부의 웨스트민스터 구의 한 지구 — 옮긴이)로 함께 가는 것이 어떻겠냐고 말했다.

그런데 그녀가 국장과 함께 목적지를 제대로 찾아왔을 때는 공교롭게도 건물 내의 화재경보기가 작동하여 고위 관료들이 모두 건물 밖 도로에 대피하고 있던 상황이었다. 기사가 열어주는 문으로 먼저 국장이 나오고 그 뒤를 이어 그녀가 나오자 사람들은 놀라 입을 다물지 못했다!

회의가 열릴 장소는 성공적인 결과의 측면에서 결정적으로 중요한 부분일 수 있다. 왜냐하면 주변 환경이 회의의 역학에 급격한 변동을 줄 수 있기 때문이다.

가라사대
데이비드 클러터벅 — 교수

토론을 할 공간과 환경을 살펴보십시오. 저와 함께 일한 적이 있는 한 CEO의 예를 들면 아주 적절하겠군요. 그녀는 참모진들이 그들의 의견을 솔직히 터놓지 않아 고심하고 있었습니다.

그녀는 탁상 토론을 하는 것이 어렵다고 이야기했습니다. 그래서 저는 '어떤 테이블'을 사용하는지 물었죠. 그녀는 자신의 사무실에 있는 테이블을 사용한다고 말했습니다. 우리는 그녀에게 이렇게 물었습니다. "모든 회의를 당신의 집무실에서 가진다는 것이 무슨 뜻일까요? 그러한 조치가 커뮤니케이션의 질에 어떤 영향을 미칠 거라 생각하십니까?"

그녀는 당장 회의 장소를 바꾸었고, 그 방안은 적중했습니다. 모두가 보다 솔직하게 의견을 개진하기 시작한 거죠. 정말 유용한 방법 아닙니까?

이 이야기의 핵심은 '영역'이다. 사람들의 행동은 그들의 주변 상황 및 환경에 영향을 받는 경우가 아주 흔한데, 자신의 의사를 자발적으로 표시하는 경우와 관련해서는 특히 그렇다. 위의 사례에 나타난 것처럼 중립적인 장소를 택하게 되면 사람들은 편안한 기분을 갖게 되어 훨씬 적극적으로 의사를 표현한다.

회의의 여운

장시간 회의를 한 후에는 회의에서 벗어나 다른 일을 하고 싶다는 생각이 드는 게 당연하다. 즉시 자신의 컴퓨터로 달려가 밀린 이메일을 체크하는 사람들도 있을 수 있고, 커피를 마시러 휴게실에 가는 사람들도 있을 것이며, 밖에 나가 담배를 피우는 사람들도 있을 것이다.

회의를 통해 무엇을 얻었는지 생각해보는 사람은 아마 거의 없을 것이다. 하지만 회의가 끝나면 우리는 다음과 같은 질문을 던져봐야 한다.

- 내가 배운 것은 무엇인가?
- 내가 가르쳐준 것은 무엇인가?
- 우리가 결정한 것은 무엇인가?
- 우리가 만들어낸 것은 무엇인가?
- 우리가 교환한 것은 무엇인가?

이런 질문을 하는 건 이것이 모든 회의의 성공을 위한 근본적인 질문이기 때문이다. 내가 몰랐던 새로운 것들을 알게 되었는지, 다른 참석자들에게 그들이 미처 모르고 있던 것들을 알려주었는지 생각해본다. 또 특정 사항에 대한 합의에 도달하거나 모두의 지식과 창의력을 모으는 방법을 통해 우리에게 도움이 될 만한 조치를 취할 수 있었는지 전체 집단의 입장에서도 생각해본다.

이러한 모든 질문은 결국 '내가 회의에 기여한 것은 무엇이고 회의를 통해 내가 얻은 것은 무엇인가?' 라는 질문으로 귀결된다. 그렇다면 도대체 핵심은 무엇일까? 아주 잠시나마 이런 질문들을 생각할 시간을 갖는 것만으로도 당신은 그 회의가 유용했는지의 여부를 객관적으로 판단할 수 있으며, 이는 다음 회의를 계획하는 데 도움이 된다.

프레젠테이션…에 관한 진실

당신을 겁먹게 만드는 대중 앞에서의 발표와 프레젠테이션에 대한 이야기는 이제 잊어라. 사실 요령만 터득하면 발표나 프레젠테이션만큼 쉬운 것도 없다. 물론 시작 전 느끼는 그 긴장감이나 약간의 불안함이 완전히 사라질 거라는 뜻은 아니다. 하지만 청중들의 진심 어린 박수갈채는 그 무엇과도 비교할 수 없는 만족감을 가져다준다는 사실을 잊지 말기 바란다.

그러한 마무리를 염두에 둔다면, 준비 과정에서 방향을 잡는 데 도움이 될 것이며 발표나 프레젠테이션을 성공적으로 마칠 확률도 훨씬 높아진다.

집중도 — 금붕어가 주는 교훈

어항 속을 빙빙 돌며 헤엄치는 금붕어에게는 한 바퀴 한 바퀴가 모두 새로운 경험이라고 한다. 금붕어는 자신이 조금 전까지 거기에 있었다는 사실조차 기억하지 못하기 때문이다.

여러 가지 증거들을 보면 우리도 시간이 가면서 차츰 금붕어를 닮아가고 있는 것 같다. 이런 현상을 잘 반영하고 있는 예가 바로 방송매체다. 방송에서는 시청자들이 다음 프로그램이 무엇인지 언제든 알 수 있도록 안내를 내보낸다. 때로는 시청자들이 잊었을 경우를 대비해 현재 시청 중인 채널이 무엇인지 알려주기도 한다.

DOGS 원리를 활용하라

요즘 대부분의 위성 수신 채널은 DOGS(Digital On-Screen Graphics: 화면상 디지털 그래픽)를 사용해 현재 시청하고 있는 방송이 무엇인지 알려준다. 보통 화면 구석에 위치하는 이 그래픽은 약간 투명하게 처리되어 있어 프로그램 시청에 큰 지장이 없도록 한다. 채널이 다수 존재하는 데다 콘텐츠 대부분이 오래전에 방영된 '명프로그램들' 이기 때문에 텔레비전 방송국으로서는 이 주옥 같은 작품들을 방송해주는 채널이 어디인지를 상기시킬 필요가 있는 것이다.

만약 프레젠테이션을 준비해야 하는 상황에 있다면 이와 같은 텔레비전 방송의 세계로부터 얼마간의 교훈을 얻을 수 있을 것이다.

지속적으로 청중의 관심을 끌어야 할 때 우리는 다음의 세 가지 방법을 사용할 수 있다.

■ 기대
■ 내용
■ 스타일

기대란, 프레젠테이션을 시작하기에 앞서 청중들에게 내용을 미리 알려주면 청중들이 지속적으로 관심을 가질 가능성이 높아진다는 것을 말한다. 하지만 한 가지 함정이 있다. 내용과 스타일 역시 제대로 갖춰야 한다는 것이다. 예를 들어, "앞으로 한 시간 동안 주문 처리 절차 시스템에 관해 아주 자세하게 설명할 것입니다. 단, 시각 자료와 청중 참여 없이 밋밋하고 지루한 어조로 진행될 것입니다."라는 말로 청중들의 기대를 관리한다고 치자. 이로써 청중들은 앞으로의 내용을 예상할 수는 있겠지만, 이들이 설명에 몰입할 확률은 거의 없다.

하지만 청중들에게 앞으로의 내용에 대해 전혀 알리지 않고 시작하면 오히려 상황은 더욱 난국을 맞게 될 것이다. 청중들은 아마 지루함을 느끼고 당신에게 영원히 적의를 품게 될 것이다!

충분히 준비를 해서 정보를 제공하는 이유와 방법을 설명한다면, 비록 어렵고 지루한 내용을 상세하게 설명해야 하는 상황이더라도 청중들은 끝까지 당신의 말을 들어줄 것이다.

도입 부분을 이렇게 시작한다면 한결 나을 것이다.

앞으로 한 시간 동안 주문 처리 절차 시스템에 대해 설명을 드리겠습니다. 설명 후에는 주문 처리 방식의 개선 방안에 대해 토론해볼 수 있을 것이라 생각합니다.

우선은 10단계 절차를 간단한 그래픽으로 보여드리고, 각 단계별로 약 2~3분씩 세부적인 사항을 설명하겠습니다. 그리고 각 단계마다 저희 회사의 생산 부서와 고객 평가단으로부터 접수한 의견도 제시해 드리겠습니다. 여러분은 이 절차가 얼마나 효율적인지, 또 고객 입장에서의 장·단점은 무엇인지 파악하실 수 있을 겁니다.

성공적인 프레젠테이션을 위해서는 기대 관리라는 전체적 문제를 무엇보다 중시해야 한다.

가라사대
앨리스테어 스미스 ― 얼라이트

주어진 시간 내내 청중의 주의를 끌 수 있어야 합니다. 또 내용뿐 아니라 그 뒤에 깔려 있는 자신의 생각도 함께 설명해야 하지요. 내용에 청중의 관심을 집중시키고, 그 관심을 지속적으로 유지시킬 필요도 있습니다. 자신을 권위적인 존재로 만드는 일은 절대 없어야 합니다. 그런데 많은 사람들이 그러한 실수를 범하죠. '제 말을 들으세요. 제가 전문가니까.' 라는 식으로 말입니다. 그러면 프레젠테이션이 일종의 싸움으로 바뀌고 말지요. 자신이 그만큼 뛰어나다는 걸 증명하는 싸움 말입니다.

데이비드 클러터벅 교수는 성공적인 프레젠테이션을 위해서는 다음과 같은 요소를 갖추어야 한다고 말한다.

전문가 발언대
데이비드 클러터벅 ― 교수

무엇보다도 메시지 전달을 방해하지 말아야 합니다. 저는 옷차림에 주의하고 밝은 색 양말을 신지 말아야 한다는 것을 맨 처음 배웠습니다. 양말 색깔이 밝으면 사람들의 주의가 산만해지거든요. 지나친 머리 장식도 역시 사람들의 주의를 분산시킵니다.

사람들이 당신의 말을 듣는 데 어려움이 없도록 해야 합니다. 불가피한 경우가 아니라면 단상 뒤에 있지 말고 청중들에게 다가서야 하며, 언제나 청중들과 대화를 나눈다는 생각을 가져야 한다는 의미입니다.

저의 경우도 강의를 한다고 생각하면 항상 힘이 들어가지만, 사람들과 대화를 나눈다고 생각하면 훨씬 쉽고 간단해집니다. 수천 명을 대상으로 하든 단 네 명을 두고 강의를 하든 마찬가지입니다.

이는 제가 다른 사람들의 말을 듣는 데 많은 시간을 할애한다는 의미이기도 합니다. 시작부터 청중과의 상호작용이 이루어져야 하는 건 정말 중요한 일입니다.

정보가 제시되는 과정에 청중이 적극적으로 참여하게 되면 그들이 흡수하는 정보의 양은 훨씬 많아집니다. 따라서 슬라이드를 한 무더기 보여주면서 그 내용을 읽어나가기보다는 슬라이드 내용에 대해 청중이 토론할 수 있도록 하는 것이 좋습니다.

청중들이 듣고 싶어 하는 내용을 당신이 말해줄 수도 있겠지만, 반대로 그들의 입으로 당신에게 그 내용을 말하게 하면 내용에 대해 논쟁이 일어날 여지가 전혀 없게 되지요.

데이비드 클러터벅 교수는 자신이 각고의 노력 끝에 이러한 기술을 익힐 수 있었다며 겸손의 미덕을 보이지만, 그는 분명 훌륭한 기본을 갖춘 뛰어난 연설가이다. 이런 기술은 실제 경험을 통해서만 갖출 수 있기 때문에 클러터벅 교수의 조언을 실행에 옮기는 것이 어렵게 보일 수 있다. 하지만 이 내용을 적어도 일종의 지향점으로 삼을 수는 있을 것이다.

파워포인트 사용

프레젠테이션에서 파워포인트의 활용도는 지극히 높기 때문에, 여기에서는 프레젠테이션 보조 수단으로서의 파워포인트에 대해 따로 다루고자 한다. 우리는 앞에서 이미, 첫 번째 슬라이드를 꺼내 들기 전에 먼저 청중의 기대를 관리하는 것이 청중들이 잠에 빠져드는 것을 방지하는 수단으로 바람직하다는 이야기를 한 적이 있다.

당신이 준비한 슬라이드가 몇 장 되지 않는다면, 시작하면서 그 사실을 알려준다. "이 안건의 전반적인 내용을 보여주는 짧은 파워포인트 자료를 먼저 훑어보겠습니다. 슬라이드가 여섯 장 정도밖에 되지 않기 때문에 15분이면 끝날 것 같습니다."

슬라이드의 수가 보통일 경우에는 슬라이드마다 번호를 붙여준다. 슬라이드가 나올 때마다 '전체 20장 중 1번' 등으로 슬라이드의 순서를 알려주면, 청중은 앞으로 얼마나 많은 내용이 남았는지 확인할 수 있다.

슬라이드가 많을 경우에는 다루기 쉽도록 분야를 나눈다. 이때도 시작하기 전에 미리 이야기해두면 훨씬 도움이 된다. "제가 보여드릴 슬라이드는 약 60장 정도입니다. 하지만 60장 모두가 한 가지 내용은 아니고, '우리의 현재 위치', '우리가 원하는 미래의 모습', '미래의 모습에 도달하는 방법' 으로 그 주제가 명확하게 나뉘어 있습니다." (정말 근사한 목록이다!) "그래프와 그림이 많기 때문에 각 부분들을 살펴보는 데는 약 10분 정도가 소요될 것으로 보입니다. 그 후에는 각 부분에서 제기되는 여러 가지 쟁점들에 대해 토론할 수 있는 충분한 시간이 마련될 것이라 예상하고 있습니다."

이는 꽤 괜찮은 조언으로 들릴지 모르나, 솔직히 말해 파워포인트를 제대로 다루지 못하면 아무 소용이 없다. 무엇보다 중요한 것은 기술이다.

가라사대
캐리 쿠퍼 — 교수

커뮤니케이션과 관련해 생각해볼 때 최악의 파워포인트 프레젠테이션은 슬라이드 12장에 들어 있는 항목 12개를 그냥 읽어 내려가는 것입니다. 그것도 아주 천천히 말이죠.

저는 슬라이드를 보여주고 그중 한두 가지 항목만 골라 언급한 후 다음 슬라이드로 넘어가는 방법을 사용합니다. 개인적으로 슬라이드 하나를 45초 이상 보여주는 것은 바람직하지 않다고 생각하지요.

또 목록에 번호를 매기는 것도 가급적 피하는 편입니다. 사람들이 다음 순서를 기다리게 되거든요. 순서가 없는 목록을 사용하면 융통성을 가지고 요점을 전달할 수 있습니다. 큰 의미도 없는 순서에 연연하지 않아도 되니까요.

기술을 사용할 때는 장비 때문에 낭패가 발생하기 마련이다. 때로는 발표의 가장 중요한 순간에 그런 불상사가 발생할 수도 있다. 가급적이면 만일의 사태를 위해 대비책을 강구해두는 것이 좋다.

가라사대

사이먼 테링턴 — 휴먼 캐피털

저는 아주 중요한 프레젠테이션에서는 청중에게 슬라이드 인쇄물을 나눠 주곤 합니다. 그렇게 하면 기계가 고장 난 경우에도 "나누어드린 자료 6페이지를 펼쳐주십시오." 라고 말하고 프레젠테이션을 진행시킬 수 있으니까요. 물론, 그것도 청중이 20명 정도라야지, 청중이 200명이나 된다면 곤란하겠죠.

하지만 프레젠테이션을 시작하면서 인쇄물을 나누어 주는 것은 절대 좋은 생각이 아니다. 청중이 당신의 말에 주의를 기울이기보다는 인쇄물을 들여다보면서 더 앞서 나가려 할 것이기 때문이다. 일례로 판촉 활동과 관련해 프레젠테이션을 할 경우 십중팔구 사람들은 당신이 첫 번째 슬라이드를 설명하는 동안 (대개 가격에 대한 정보는 맨 마지막에 나오기 때문에) 벌써 마지막 페이지를 들여다보고 있을 것이다.

파워포인트를 효과적으로 사용하는 가장 좋은 방법은 다음과 같다.

- **슬라이드의 수는 최대한 줄인다** — 파워포인트의 슬라이드는 전체 내용을 담는 것이 아니라 핵심 내용을 간추리는 것이란 사실을 명심하라!
- **청중의 기대를 관리하라** — 시작할 때 사용할 슬라이드의 수를 청중에게 알려준다.
- **간결하게 만든다** — 글머리 기호를 지나치게 많이 사용한다거나 문단을 여러 개 사용하여 슬라이드를 난잡하게 만들지 않는다.
- **슬라이드를 포스터 광고라고 생각하라** — 광고 게시판의 포스터는 얼마나 많은 정보를 담고 있던가? 당신의 슬라이드도 그 정도면 족하다.
- **그림을 사용하라** — 그림은 문자보다 핵심을 전달할 때 더 효과적일 수 있다. 애니메이션 효과를 적용하면 특히 그렇다.
- **속도감을 유지하라** — 한 슬라이드에 너무 오래 머무는 것은 좋지 않다. 45초 규칙을 명심하라.

9장에서 우리는 가장 일반적으로 사용되는 커뮤니케이션의 도구들을 살펴보았다. 이 모든 기술들은 우리의 일상적인 커뮤니케이션 활동을 보다 효과적으로 만들어주기 위해 개발된 것이지만, 도구들을 제대로 사용하지 못할 경우에는 그 원리가 반대로 적용되기 십상이다.

9장 엘리베이터 테스트

- 듣기와 말하기는 원만한 인간관계 형성에 중요한 구성 요소로서 커뮤니케이션의 핵심이라 할 수 있다.

- 수신전화는 엄격한 규칙을 적용하여 업무와 관련된 중요성을 파악한 후 그에 따라 적절히 관리하도록 한다.

- 발신전화에 대한 관리와 효과적인 계획 수립이 필요하다. 생각 없이 수화기를 들고 전화번호를 누르는 일은 없어야 한다.

- '첫 통화'에 특별한 주의를 기울이도록 한다. 첫 통화는 새로운 관계의 출발점이 되기 때문이다.

- 회의가 얼마나 생산적이냐는 당신의 역할과, 당신의 통제력과, 당신의 기대치에 의해 결정된다.

- 모든 회의가 동일한 중요성을 가지는 것은 아니다. 따라서 준비에 필요한 시간을 적절히 배분해야 할 필요가 있다.

- 청중을 상대로 프레젠테이션을 진행할 때는 기대, 내용물, 스타일을 통해 청중을 끌어들인다.

- 파워포인트는 매우 강력한 도구이다. 제대로 사용하기만 한다면!

10장

느끼기

비언어적 커뮤니케이션

눈에 보이는 것이 전부라는 말이 정말 사실이라면 10장의 내용은 언급할 필요도 없을 것이다. 하지만 우리는 인간이라는 복잡한 존재이기에 항상 많은 비언어적 신호를 내보내고 또 받아들인다. 그리고 이러한 비언어적 신호들은 사람들 사이에 오가는 메시지의 이해를 돕는다.

솔직히 우리가 항상 속마음을 그대로 표현하는 것은 아니다. 두 사람이 추는 댄스로 표현되기도 하는 구애 과정에서는 이런 현상이 자주 나타난다. 때로는 말 이외의 것이 가장 많은 것을 전달하기도 하는 법이다.

이제부터 비언어적 커뮤니케이션의 가장 일반적인 형태 몇 가지를 살펴보고 그러한 신호들이 전하는 의미가 무엇인지 이해해보고자 한다. 이를 통해 우리는 우리의 행동으로 전달하는 메시지를 보다 효율적으로 관리하고 다른 사람들이 말이 아닌 행동으로 전달하는 '언어'를 보다 잘 이해하게 될 것이다.

첫인상…에 관한 진실

메트로센터(1986년 당시 유럽에서 가장 규모가 컸던 쇼핑몰 — 옮긴이)와 뉴캐슬 축구 클럽에 도움을 주고 있는 사업가 존 홀 경(Sir John Hall)은 거래 관계에 있는 기업을 방문해서 그 기업에 대한 판단을 내리는 데 시간이 얼마나 오래 걸리느냐는 질문을 받은 적이 있었다. 그는 특유의 그 퉁명스러운 말투로 '몇 초면 족하다.'고 대답했다고 한다. 이 책의 한 조언자도 그런 견해를 뒷받침한다.

 가라사대

크리스 브루스터 — 교수

관련 연구의 아주 명확한 결론에 따르면, 사람들이 인상을 형성하는 데는 말 그대로 20초도 안 걸린다고 합니다. 그 이후에는 그러한 인상을 바꾸기 위해 할 수 있는 일이 거의 없습니다. 여간 노력을 하지 않는 한 그 이미지는 더 강화되지요.

대다수 커뮤니케이터들이 첫인상을 그리 심각한 것으로 생각하지 않는 것 같습니다. 그래서 '어', '글쎄요', '음', '저기', '그러니까', '반갑습니다'라는 식으로 대화를 시작하곤 하죠. 그것이 사람들이 받아들이는 첫인상이라면 결코 반갑지 않을 것입니다. 그래서 저는 첫인상이야말로 진실을 파악하는 가장 핵심적인 순간이라고 믿어 의심치 않습니다.

우리 역시 어떤 사람을 처음 만나게 되면 첫인상에 대해 판단을 내리게 된다. 물론 판단이 빗나갈 때도 간혹 있지만, 경험과 직감에 근거한 우리의 본능적 판단이 적중하는 경우가 더 많다.

이와 같은 본능은 인간 대다수가 공유하고 있는 재능인 만큼 사람들 역시 나에 대해 동일한 판단을 내릴 것은 자명한 이치이다. 그렇다면 우리는 어떻게 해야 훌륭한 첫인상을 심어줄 수 있을까?

준비

준비와 계획은 좋은 인상을 심어주기 위해 노력하는 과정의 핵심 요소이다. 현재의 직장을 얻기 위해 어떤 형태로든 면접을 치렀을 테니 이와 관련해서는 이미 충분히 생각해봤을 것이다.

겉모습

당신이 옷을 사는 데 시간이 그다지 걸리지 않고, 옷의 배합에는 더더욱 관심이 없다면 35세를 넘긴 남자일 가능성이 높다.

이것이 중요하지 않다는 생각은 이제 그만두자. 반드시 값비싼 명품 정장을 빼입어야 할 필요는 없지만 최소한 노력한 흔적은 보여주어야 한다. 낡아빠진 신발을 신고 있지는 않나? 걸치고 있는 정장 때문에 유행에 한 10년쯤 뒤처진 것으로 보이지는 않나? 이제는 좀 더 세련되어질 필요가 있다.

타인의 눈에 자신이 어떻게 비춰질지 의식하는 것에는 남녀의 구분이 있을 수 없다. 자신의 겉모습에 대해 다른 사람들이 하는 이야기를 무작정 듣기보다는 자신이 마음에 들도록 꾸민 후 신뢰할 수 있는 사람에게서 조언을 구하는 것이 좋다.

이때 명심해야 할 것은 카탈로그의 모델이나 진열장의 마네킹이 아니라 당신 자신의 첫인상을 남기려 한다는 것이다. 자신의 겉모습에 만족하게 되면 금세 마음의 평정을 찾아 있는 그대로의 모습을 보여줄 가능성이 훨씬 높아지게 된다. 또 이는 자신이 가진 가장 훌륭한 점을 보여주는 데도 도움이 된다.

거울을 볼 때는 다른 사람의 관점에서 자신을 들여다보려고 노력한다. 지나치게 튀려고 하거나, 요란한 꽃무늬 드레스나 커다란 모자로 충격 전술을 구사하려고 하지는 마라. 물론 그것이 평소 스타일일 수도 있겠지만, 그렇다 하더라도 대부분의 사람들이 뜻밖의 놀라움은 반겨도 충격은 좋아하지 않는다는 사실을 명심해야 한다. 그러니 사람들이 당신의 스타일을 어느 정도 알게 될 때까지는 자제하는 것이 좋다.

이때 적용되는 황금률은 바로 편안함이다. 이는 자신에게 잘 맞는 옷을 입어 몸이 편안해야 한다는 의미일 뿐 아니라, 그 옷을 입었을 때 자신 스스로에 대해 어떤 느낌을 가지게 되는지와 관련해 마음도 편안해야 한다는 의미이다.

머리 손질 또한 중요한 부분이다. 당신은 머리의 길이나 스타일과 관련해 모든 사람의 일반적인 생각과는 다른 생각을 가지고 있을 수도 있다. 하지만 그보다 중요한 것이 단정함을 유지하는 것이다. 가끔씩 다른 사람의 겉모습을 주의 깊게 관찰해보도록 하라. 반드시 유행을 따를 필요는 없지만 어떤 것이 유행인지는 알고 있어야 한다.

마지막으로, 화장에는 향수나 애프터셰이브 로션과 똑같은 원리가 적용된다는 것을 알아둬야 한다. 전반적으로 얇게 하는 것이 좋다는 이야기다. 향수의 경우에는 특히 그렇다. 회의장을 나섰을 때 당신의 냄새보다는 당신이 발산한 광채가 남아 있는 것이 좋지 않겠는가?

거울아, 거울아

경쟁이 극도로 치열했던 80년대에는 복사기 사업 역시 다른 분야와 마찬가지로 무자비한 경쟁을 겪어야 했다. 업계 선두주자의 주된 특징은 바로 마초 문화였는데, 이런 문화에서는 커뮤니케이션이 아주 직설적으로 이루어지고 '승리를 향한 의지'가 그 무엇보다 강했다.

그러다 보니 거의 모든 것이 시장 내의 다른 업체에 대한 경쟁적 우위로 간주되었다. 랭크 제록스(Rank Xerox) 사의 한 지사 건물 계단 끝에는 전신용 거울이 하나 있었는데, 판매원들은 건물을 나서려면 반드시 그 거울을 볼 수밖에 없었다. 그 거울 위에는 이런 말이 써 있었다. '당신이라면 이 사람이 파는 물건을 사겠습니까?'

굿 스토리: 거울아, 거울아 — 2

악의적인 언론사는 견해가 다른 정치인들을 어떻게 해서든 비판하려고 하기 마련이다. 1980년대 리버풀의 핵심 정치인이었던 데렉 해턴의 경우가 그랬다. 정치적 견해가 다르다는 것으로는 만족하지 못했던 몇몇 신문사들은 그의 까다로운 머리 손질과 (값비싼 정장을 입는다는 둥) 옷에 대한 취향을 비난하면서 그를 깎아내리려 했다. 당시 이들은 해턴의 사무실에 있는 거울이 '데렉, 당신이 세상에서 가장 멋집니다!'라고 말하는 전설의 그 거울이라는 기사를 싣기도 했다.

행동…에 관한 진실

자기 자신이 되어라

하지만 자신의 모습이 주어진 상황에서 최대한 수용될 수 있도록 노력은 해야 한다. 이는 곧, 상대방을 '탐색' 하고 상대방이 나를 '탐색' 할 기회를 얻기 전까지는 다소 신중하게 행동하는 것이 좋다는 뜻이다. 지나치게 친밀감을 표시하는 것은 도리어 위협이 될 수도 있다.

가라사대

사이먼 테링턴 — 휴먼 캐피털

친밀함과 관련해 나온 재미있는 연구가 하나 있어요. 어떤 사람을 처음 만나 그 사람에 대해 거의 아는 것이 없는 상태에서, 잡담을 조금 하고는 갑자기 자신이 성병에 걸렸다고 말하면 상대방은 극도의 충격을 받는다는 것이죠. 상대방이 원하지도 않는데 친밀감의 단계를 너무 앞서갔기 때문입니다.

하지만 서서히 친구가 된 경우에는 이야기가 다릅니다. 그 사람에게만 터놓는다는 심정으로 병에 걸린 것이 걱정이라는 이야기를 한다면 상대방은 그 이야기를 이해하고 도움을 줄 수 있습니다. 하지만 이 정도의 친밀감을 형성하려면 관계가 아주 깊어지기 전까지는 양측이 서로 무언가를 주고받아야 합니다. 균형 잡힌 교류가 이루어져야 한다는 뜻이죠.

의식적으로 누군가에게 다가가고 싶을 때는, 자신에 대한 사적인 이야기를 하는 것이 출발점이라는 것도 사실이다.(물론 위와 같은 정도의 이야기는 곤란하겠지만 말이다.) 개인적인 이야기를 하게 되면 상대방도 역시 비슷한 종류의 정보를 이야기하게 되는 것이 보통이다.

바디랭귀지…에 관한 진실

바디랭귀지가 비즈니스 행동 분야에서 갑자기 인기를 얻게 된 것은 1970년대 이후의 일로, 이제는 다소 식상해진 주제가 되었을 정도로 바디랭귀지에 관한 책은 엄청나게 쏟아져 나왔다.

한동안 바디랭귀지는 신비의 기술이었다. 바디랭귀지를 배워서 사용하면 그 '마법'을 전혀 모르는 사람들에게도 모든 종류의 메시지를 전달할 수 있었다.

바디랭귀지는 또한 사람들의 영혼에 이르는 비밀의 길인 것처럼, 상대방이 아무 말 하지 않아도 그들이 원하는 것을 알아내는 방법으로 환영을 받기도 했다.

우리는 당신이 바디랭귀지의 중요성을 인식해야 한다고 생각한다. 의식적인 수준에서 다양한 신호의 의미를 인식하고 가능한 부분에서는 상대방이 보내는 신호에도 민감하게 반응할 수 있어야 한다는 이야기다.(무의식적인 수준에서는 이미 이 방면의 전문가가 되어 있을 가능성이 높다.)

자신의 바디랭귀지를 '통제'하여 원하는 신호만 내보내는 것과 관련해서는, 한계가 있다는 점을 이야기해두고자 한다. 예를 들어 스트레스를 받거나 갈등을 겪는 상황에서는 폐쇄적인 자세를 취할 가능성이 높고(다음의 '바디랭귀지의 핵심 요소' 참고), 자세 개선을 위한 노력을 잠시 하다가도 결국 십중팔구는 다시 폐쇄적인 자세로 돌아가게 된다. 연습을 거치고 집중을 하면 몇 가지 행동들은 완벽히 통제할 수도 있겠지만, 그러려면 매번 아주 고된 과정을 거쳐야 할 것이다.

그런 수고를 감내하는 것보다는 당신이 느끼는 방식을 바꾸려고 노력하는 편이 나을 것이다. 결국 바디랭귀지는 여러 가지 감정이 외부로 표현되는 것인 만큼, 그 근원인 감정을 찾아가는 것이다. 일단 감정을 관리하는 방법을 익히게 되면 바디랭귀지는 자연스럽게 통제가 될 것이다.

가라사대

앨리스테어 스미스 ― 얼라이트

우리는 하나뿐인 몸을 가지고 그 안에서 여러 가지 독특한 버릇을 만들어 왔습니다. 걸음걸이나 서 있는 자세 등은 평생에 걸쳐 자리 잡은 것이지요. 그런 만큼 고치기가 힘듭니다.

물론 사소한 것들은 고치거나 바꿀 수도 있습니다. 예를 들어 프레젠테이션을 하는 동안 긴장이 돼서 주머니 속의 동전을 짤랑거린다면 시작하기 전에 꺼내놓으면 됩니다. 그럼 문제는 반은 해결되었다고 볼 수 있죠.

하지만 몸이 감정에 따라간다는 주장은 거의 틀리지 않습니다. 당신의 경향이 비언어적 행동으로 나타나는 것이지요.

다시 말해 정신적으로 극도로 불안하게 되면 당신의 몸은 생리학적 원리에 따라 땀을 뻘뻘 흘리는 등 당신이 극도로 불안해하고 있다는 것을 보여줍니다. 거짓말 탐지기의 원리도 바로 이것이죠.

바디랭귀지의 핵심 요소

다음의 몇 가지 사항을 살펴보면 사람들이 어떤 생각을 하는지와 관련해서 약간의 단서를 얻을 수 있다.

- 시선 ― 눈은 흔히 영혼의 창으로 비유되는데, 상대방이 무슨 생각을 하는지에 관해 많은 것을 알려주기 때문이다. 하지만 때로 시선은 오해를 불러일으킬 소지가 있다. 눈을 마주친다는 것은 호감을 가지고 있다는 표현이 될 수도 있지만, 상당히 위협적으로 보일 수도 있다. 시선을 해석할 때 목소리의 톤이나 자세와 같은 다른 요소도 함께 고려해야 하는 건 바로 이 때문이다. 촛불이 켜진 근사한 저녁 식사 자리에서 누군가가 당신을 향한 시선을 거두지 않을

때 당신은 그 시선의 의미가 무엇인지 충분히 짐작할 수 있다. 한편 노상강도가 돈을 내놓으라고 협박하며 당신을 쳐다볼 때는 같은 시선이라 하더라도 전혀 다르게 느껴질 것이다.

- **신체 자세** — 팔짱을 끼고 다리를 꼰 채 구부정하게 앉아 있는 것은 일종의 '폐쇄적' 자세로 볼 수 있는데, 이런 자세는 당연히 방어적으로 보인다. 일정 기간 감정이 누적되면 이런 폐쇄적인 자세가 나올 수 있는데, 어떤 일을 해결하지 못해 마음이 무겁다거나, 현재 다니고 있는 회사에 대해 불안감을 가지고 있거나, 혹은 민감한 정보를 숨기려 할 경우가 그렇다. 이때 겉으로 보이는 자세는 모두 같지만, 상대방을 편안하게 만들어줄 수 있는 자세가 나오려면 저마다 다른 문제 해결 방식이 필요할 것이다. 반면, 다리를 꼬지 않고 팔은 자연스럽게 양 옆으로 내린 채 등을 펴고 곧게 앉는 '열린' 자세는 정반대의 느낌을 전달한다. 이런 자세에는 그 사람이 상황을 통제하고 있으며 상황에 부담을 갖고 있지 않다는 뜻이 담겨 있다. 이런 경우에는 서로의 견해를 개방적으로 교환할 준비가 충분히 되어 있을 가능성이 훨씬 더 높다.

- **흉내 내기** — 사람들은 상대방이 자신을 좋아해주기를 바랄 때 그 사람을 흉내 내게 된다. 이런 현상은 커플들에게서 가장 확연하게 나타난다. 상대방을 받아들인다는 것을 보여주기 위해 사람들은 자신의 행위를 상대방과 일치시킨다. 어느 한쪽이 음료수를 집어 들면 다른 한쪽도 곧바로 음료수를 집어 드는 식이다. 누군가 내 행동을 따라한다면 그 사람이 나를 좋아한다는 것을 알 수 있다. 이는 자신의 메시지를 전달하려고 할 때 유용할 수 있다.

- **인상을 쓰고 주먹을 불끈 쥐고 있음** — 호되게 얻어맞게 될 것이 뻔하다.

가라사대
사이먼 테링턴 — 휴먼 캐피털

흉내 내기는 아주 흥미롭습니다. 유능한 판매원들을 분석해보면 이들은
실제로 눈의 깜박거림이나 얼굴의 찡그림 등 상대방의 모든 행동을 흉내
내고 있지요. 이들은 사람들과 완전한 공감대를 형성할 수 있는 이런 대단
한 능력을 가지고 있는 것이지요.

관계의 단절은 아주 고통스러운 것이며, 서로 살벌한 말을 주고받는 과정에는
비언어적인 커뮤니케이션이 동반될 때가 많은데 이것도 언어 못지않게 혹독할
수 있다.

　수년 동안 부부 사이에서 중재 역할을 해오고 있는 존 에이커스는 이혼 이후
두 사람을 한 방에 자리하게 하는 경우가 많은데, 다음은 그의 경험담이다.

전문가 발언대
존 에이커스 — 릴레이트 사 카운슬러

저는 주로 다양한 얼굴 표정을 살핍니다. 그 밖에 중요한 비언어적 단서들
에는 의자에 앉는 자세, 손놀림이 있습니다. 시선을 피하거나, 반대로 뚫어
질 듯 상대방을 바라보는 것, 혹은 열심히 무언가를 쓰는 행동도 여기에 포
함됩니다.

　중재자나 전 배우자 어느 쪽과도 개인적인 대화를 피하려고 하는 사람
들이 있습니다. 어떤 이들은 그와는 정반대로, 중재자를 자신의 편으로 만
들려고 간청을 하기도 하죠. 몇몇 여성들은 아주 노련하게 성적인 수단을
동원해서 자신들이 바라는 최선의 결과를 얻으려고 합니다.

　그들이 미소를 짓거나 다리를 꼬고 앉는 행위에 어떤 의도도 들어 있지
않다고는 생각할 수 없는 것이죠.

실전과제: 다른 사람을 관찰해보라

30분 동안 바깥에서 사람들을 살펴보자. 시내의 번화한 커피 전문점에 앉아 당신이 관찰한 내용을 적어보는 것이다.(그렇다고 너무 노골적으로 사람들을 쳐다보면 곤란하다!)

그들의 첫인상은 어떤가? 또 그들이 하는 말을 듣거나 주문하는 것을 본 후 그들에 대한 인상이 바뀌었는가?

어떤 사람을 만나는지 유심히 살펴본다. 서로 어떻게 인사를 나누는가? 그것을 통해 그들에 대해 또 그들의 관계에 대해 어떤 것을 알아낼 수 있는가? 그들의 바디랭귀지로 미루어볼 때, 그들은 친구처럼 보이는가 아니면 직장 동료처럼 보이는가? 그들 사이에서 힘의 균형은 어떻게 이루어지고 있는가?

주위를 둘러보라. 여유롭고 편안해 보이는 사람은 누구이며 긴장하거나 스트레스를 받고 있는 것처럼 보이는 사람은 누구인가? 무엇 때문에 그렇게 생각하게 되었는가?

이렇게 사람들을 관찰하면 비언어적 커뮤니케이션의 아주 미세한 부분을 이해하는 데 큰 도움이 된다. 뿐만 아니라 말을 입 밖에 내기 전에 자신의 행동이 어떤 결과를 일으킬지를 보다 숙고해보게 된다.

신체 접촉…에 관한 진실

"어떤 문화권에서는 신체 접촉이 우호적 의미를 갖습니다. 예를 들어 남부 유럽에서 팔을 붙잡는다는 것은 친하다는 의미입니다. 하지만 스칸디나비아 지방에서는 모욕에 가까운 행동으로 비춰지지요."

크리스 브루스터 — 교수

바디랭귀지에 관련된 중요한 쟁점 중 하나는 바로 신체 접촉이다. 이때 접촉이란 상대방을 꽉 끌어안는 등의 행동이 아니라, 회의장에 들어가면서 허리에 살짝 손을 얹는다거나, 친근함을 표시하기 위해 몸을 기울이거나 팔을 꽉 잡는 등의 가벼운 행동을 말한다.

크리스 브루스터 교수가 지적했듯 신체 접촉이 가지는 문제점은 오해의 소지가 크다는 데 있다. 신체 접촉이 모든 문화에서 두루 용인되는 것은 아니기 때문이다.

가라사대
사이먼 암슨 — 서매러튼

우리는 문화도 염두에 두어야 합니다. 영국 사람들은 표현을 매우 자제하는 편이지만 남미의 몇몇 민족들은 접촉을 아주 좋아합니다.

신체 접촉은 중요한 무언가를 확인할 때 좋은 방법이 될 수 있습니다. 신체적 접촉에 의한 커뮤니케이션을 완전히 배제해야 할 필요는 없지만, 신체 접촉은 적절한지 여부와 관련해 그 의미를 신중하게 해석해야 합니다.

심지어 단일 문화권 내에서도 개인의 성장 과정, 사회적 계급, 환경 등이 개인의 신체 접촉 선호에 깊은 영향을 미칠 수 있다.

■ 남성은 자신을 유혹한다고 오해할 경우 여성과의 신체 접촉을 불편하게 생각할 수 있다.

■ 일부 상황에서 남성들은 다른 남성과의 신체 접촉을 어색해할 수 있다. 자신이 남자다워 보이지 않을까 봐 염려하기 때문이다.

■ 여성은 빈번하게 신체 접촉을 하는 남성에 대해 위협을 느낄 수 있다. 심지어 그 남성이 자신에게 별 관심이 없는 것처럼 보이는 경우에도 그렇다.

■ 부자지간은 신체적 접촉이나 포옹을 어려워한다. 아들이 '십 대'일 때는 더

욱 그렇다.

- 운동선수들은 다른 집단에 비해 신체적 접촉을 어려워하지 않는다.(운동선수 들은 대개 공동의 목표를 달성하고 난 후 서로 껴안는 것에 익숙해져 있다!)

가라사대

존 에이커스 — 릴레이트 사 카운슬러

요즘에는 예전에 비해 아버지가 아들을 껴안아주는 것이 보다 자연스러운 것으로 받아들여지는 것 같습니다. 좋은 현상이라 할 수 있습니다. 물론 저도 제 아들을 꼭 껴안아주곤 합니다. 하지만 아버지가 절 껴안아준 기억은 없어요. 시대가 달랐던 탓이겠죠.

전문가들은 현대의 남성들이 내부의 여성성을 전보다 많이 인식하게 되었다고 설명하기도 하는데, 정말 재미있는 설명 같습니다. 신체 접촉을 꼭 여성적인 것으로 생각해야 할 이유를 전 잘 모르겠거든요.

영국의 문화를 보면 사고방식이 변화하고 있는 것은 분명해 보인다. 하지만 신체 접촉이 때에 따라 다른 의미를 가지는 만큼 우리는 신체 접촉을 해석하는 상황을 여전히 신중하게 고려해야 한다.

가라사대

사이먼 암슨 — 서매러튼

신체 접촉이 가지는 의미는 끝이 없습니다. 그 의미는 순전히 당사자들의 상황 및 환경 그리고 기대에 의해 결정되지요. 그것은 위협이 될 수도 있는 한편, 힘이 될 수도 있습니다. 또 지지나 공감을 전달하는 것이 될 수도 있지요. 신체 접촉은 말로는 표현할 수 없는 친밀함을 전달합니다.

문화…에 관한 진실

"문화란 사람들이 의식하지 않고 행하는 방식을 말한다."
마이클 앵거스(Michael Angus) — 유니레버(Unilever) 전임 회장

문화는 이미 중요한 화두로 인정받고 있다. 그런데 도대체 무엇 때문에 문화가 그토록 중요하다는 것일까? 이 부분에서 우리는 주변 환경이 우리의 커뮤니케이션 방식에 미치는 영향을 가늠해보려고 한다. 자신의 메시지를 관련 맥락과 결부시킬 수 있어야만 메시지가 잘 전달될 수 있기 때문이다.

여기서 우리는 두 가지 유형의 문화에 대해 살펴보고자 한다. 우선은 국가별 문화의 차이점에 대해 이야기하고, 두 번째로 기업 문화를 중점적으로 살펴보겠다.

당신은 아직 전 세계를 두루 돌아다니며 회사의 문제를 해결할 정도로 경력을 쌓지 못했을 수도 있다. 하지만 경제의 세계화와 공동체 내 인종 혼합 경향이 심화되고 있는 만큼, 우리는 다양한 문화에 대처하는 방법을 인식하고 있을 필요가 있다. 문화적 오해를 피할 수 있는 방법을 소개하면 다음과 같다.

- **공부하라** — 인도 델리에 소재한 지사로부터 걸려오는 모든 국제전화를 담당하는 업무를 맡았다면 도서관을 찾아가 관련 도서를 구해본다. 아니면 인터넷 검색을 통해 인도의 생활방식과 종교, 관습 및 관례, 사회 규범에 대해 알아보는 것도 방법이다.
- **로마에 가면 로마법을 따르라** — 다른 문화를 나에게 맞추려고 하기보다는 나를 다른 문화에 맞추려고 노력하라. 나중에 다양한 문화가 공존하는 환경에서 근무하게 될 때를 대비해(요즘에는 그럴 가능성이 더더욱 높아지고 있다) 먼저

받아들이는 자세를 갖추는 것이 좋다. 그러면 다른 사람들도 곧 긍정적 반응을 보이게 되어 양쪽 문화 모두에 적절한 타협점을 찾게 될 것이다.

가라사대

수린더 훈달 ― 노키아

중국으로 처음 출장을 갔을 때의 일입니다. 제가 머무른 기간은 일주일이었는데 사흘 동안은 관광을 하고 이틀 동안만 업무를 봤습니다. 그곳 사람들이 그러길 원했기 때문이었어요. 그들은 내가 그들과 함께 일하기 전에 먼저 중국이란 나라와 중국 사람들에 대해 알길 바랐습니다.

　하지만 핀란드에서는 이런 방법은 통하지 않습니다. 도착하자마자 바로 사업 이야기로 들어가는 식이지요. 우리는 이런 것에 세심한 주의를 기울여야 할 필요가 있습니다.

- **예의를 갖추어라** ― 일부러 무례를 범하는 나라는 없을 테지만(아니, 그런 나라도 있다고!), 사업을 하다 보면 가벼운 대화를 나눌 시간은 거의 없이 다른 곳보다 유난히 직접적이고 집중적으로 업무를 처리하는 나라를 접하게 되기 마련이다. 이런 경우에는 상대방의 업무 윤리에 익숙해지기 전까지 최대한 공손한 자세를 취하는 것이 좋다.
- **피드백을 요청하라** ― 만약 당신이 넘지 말아야 할 선을 넘었다거나 상대방을 불쾌하게 만들었다는 생각이 든다면 상대방에게 자신의 행동이 무례했는지 정중하게 물어보고 사과하도록 한다. 사람들은 실수로 범한 무례는 용서해주기 마련이다. 하지만 랍비가 방문했을 때 계속해서 베이컨 샌드위치를 대접한다면 당신은 유대교를 믿는 친구는 사귀지 못하게 될 것이다.

가라사대

린 루터 — 옥스팜

언젠가 쿠알라룸푸르의 한 호텔에 묵었을 때의 일입니다. 프런트에 전화를 걸어 7시에 327호 식사를 준비해달라고 했더니(ordered a table), 의자도 함께 준비할지 묻더군요. 물론이라고 말하면서 전화를 끊는데 놀림을 받는 기분이 들어 아주 화가 났었죠.

그런데 7시가 되어 방을 막 나서려고 하는데 호텔 직원들이 테이블과 의자 하나를 가져와서는 방에 놓더니 정중하게 인사를 하고 나가는 것이 아니겠어요! 그들은 분명히 저를 '멍청한 외국인'이라고 생각했을 것이고, 저 역시 마찬가지로 그들을 '멍청한 외국인'이라고 생각했습니다. 사람들이 자신의 문화에 대해 얼마나 오만할 수 있는지를 극명하게 보여주는 사례였어요.

물론 저는 룸서비스를 요청하기 위해 프런트에 다시 전화를 해야 했습니다.

린 루터가 이야기하는 문화 차이도 중요한 부분이지만, 우리는 이 일화를 통해 또 한 가지 중요한 교훈을 얻을 수 있다. 바로 모든 커뮤니케이션에는 명확함이 필요하다는 것이다.

무턱대고 성급하게 새로운 관계를 형성하려 하지 말고 상황을 주의 깊게 살펴야 한다. 조금 더 조심스러운 태도로 시간을 갖고 주의 깊게 보고 들으라는 이야기다. 특히 옆에서 일하는 동료가 당신과 같은 배경을 가지고 있으면서, 당신이 융화되어야 하는 문화에 어느 정도 경험을 가지고 있을 경우 이러한 태도는 그 어느 때보다 큰 도움이 될 것이다.

전문가 발언대

린 루터 — 옥스팜

대학에 진학하지 않은 내가 처음 맡은 일은 그린 실드 스탬프(Green Shield Stamps) 사에서 이동하며 커피를 파는 것이었습니다. 당시 제가 겪었던 경험은 제가 커뮤니케이션 기술을 확립하는 데 아주 큰 도움이 되었습니다. 애니(Annie)나 플로(Flo), 글래디스(Gladys)와 같이 정말 멋진 사람들과 함께 일할 수 있었기 때문이지요. 이동 커피 판매원들은 이 땅의 소금과도 같은 존재였기에 난 그들에게 건방진 중산층 애송이로 보이고 싶지 않았습니다.

그런 상황에서는 사람들의 말에 귀를 기울이는 방법이나, 그들의 의중을 파악하는 방법, 그들이 원하는 다양한 레벨에 맞춰 커뮤니케이션하는 방법 등을 아주 재빨리 파악하게 되죠.

그렇다고 이들이 똑똑하지 않다는 말은 결코 아닙니다. 다만 이들은 어려운 학계 용어 같은 것을 사용하지 않았기 때문에 아는 척 이야기를 하는 것이 전혀 소용이 없었을 뿐이죠. 이들과 대화할 때는 전하고자 하는 내용을 그들이 충분히 이해할 수 있도록 직설적이면서도 간단 명료하게 이야기할 필요가 있습니다. 나는 이것이 아주 값진 교훈이라고 생각하고 있습니다.

사무직 종사자 중에는 이들이 대학을 나오지 않았거나 좋은 학교를 다니지 못했거나 정상적인 길을 걸어오지 않았다고 이들을 멸시하는 사람들이 많이 있습니다. 하지만 실제로는 이들이 거만한 사무직 종사자들보다 자신의 일에 훨씬 더 큰 열정을 가지고 있어요.

그러다 보니 그들이 우리의 이해 수준을 따라오리라고 기대하기보다는 그들의 커뮤니케이션 스타일에 맞추어가는 방법을 재빨리 터득하게 되는 것입니다.

사회 전반적으로 인종 혼합 현상이 심화되고 거대 기업일수록 다수의 시장에서 활동을 하게 되는 상황인 만큼, 다양한 문화 속에서 사람들 및 업무를 관리하고

214 입 다물고 들어라!

의사소통을 해야 하는 기업들이 점점 더 많아지고 있다. 여기에서 우리는 다양한 문화의 미묘한 차이에 대해 이야기를 해보았다. 하지만 모든 문화에 공통적인 무언가도 존재한다. 존중, 개방성, 예절과 같은 근본 요소들은 어떤 문화에서도 간과되지 않는 법이다.

가라사대
빌 달턴 — HSBC

글로벌 기업을 경영하다 보면 흥미로운 문화적 이슈들을 발견하게 됩니다. 하지만 문화가 다양할지는 몰라도 사람들 간에는 그렇게 많은 차이가 나지 않는다는 것을 경험을 통해 깨달았습니다.

형편없는 커뮤니케이션은 영국이건 캐나다건, 미국이건 프랑스건, 아시아건 브라질이건, 형편없는 커뮤니케이션이 될 수밖에 없습니다. 보편성이 적용된다는 이야기입니다. 커뮤니케이션도 결국엔 사람이 하는 것이니까요.

물론 문화적인 차이는 있을 수 있습니다. 하지만 포크와 나이프가 아닌 젓가락을 사용하는 사람들이라 해도 이메일을 통해 상관이 떠난다는 소식을 접하면 기분이 상하기는 마찬가지입니다. 어느 정도 예의를 갖추고 다른 사람들이 알기 전 자신들에게 먼저 이야기 해주기를 바라죠.

기업 문화…에 관한 진실

약 10년 전까지만 해도 기업 문화는 전혀 이야깃거리가 되지 못했다. 아마 당장 먹고사는 문제가 시급했기 때문이었을 것이다.

하지만 지금은 기업 문화에 대해 이야기하지 않는 곳이 없다. 사람들이 개인적인 측면과 상업적인 측면 모두에서 내면적 가치를 보다 중시하게 되었기 때문이다. 그리고 일시적 유행에는 언제나 그렇듯 장·단점이 함께 나타나기 마련이다. 기업 문화의 경우 그 두 측면은 다음과 같이 요약될 수 있을 것이다.

■ 장점

— 이해의 폭을 넓힌다.

— 유대감이 강화된다.

— 결과 예측이 수월해진다.

— 계획을 발전시킬 수 있다.

— 나아가야 할 방향이 더욱 명확해진다.

■ 단점

— 자아에 집착하게 된다.

— 시간을 낭비하게 된다.

— 창의력이 억제될 수 있다.

— 사람들의 능력이 사장될 수 있다.

— 현 상태에 안주하게 된다.

즉 기업 문화의 장점은 기업을 움직이는 힘이 무언지 인식할 경우 다사다난한 회사 생활에 더욱 능동적으로 대처할 수 있다는 것이다. 또 경쟁사와 비교해 우리 회사가 어느 정도의 위치를 점하고 있는지 파악할 수 있다.(물론 이는 경쟁사의 문화 연구에 시간을 투자했다는 전제하에서 가능하다.) 자신의 문화를 이해하면 그 문화를 영속적으로 유지하는 일도 훨씬 수월해진다는 장점도 있다. 기업 문화는 신규 직원의 채용 같은 문제와 관련해 큰 도움이 될 수 있다. 회사의 운영 방식을 규정하는, 말로 표현하기 어려운 막연한 무언가를 당신이 인식하고 있다면 그 문화에 적응할 사람을 골라내기가 훨씬 더 쉬워지기 때문이다.

하지만 이와는 정반대로 기업이 기업 문화에 얽매이는 결과가 나타날 수도 있다. 기업 문화가 오히려 악영향을 끼치는 사태가 발생할 수 있는 것이다. 최근 몇 년 동안 우리는 한때 업계 선두를 달리던 대기업들이 과거의 영광을 잃고 추락하는 사례를 목격할 수 있었다. 이들의 자멸 원인은 생각보다 아주 간단하다. 바로 자신들이 최고라고 확신했기 때문이다. 이렇게 자폐적인 태도를 보이게 되면 자만에 빠져 활력을 잃게 되고 결국 추락하여 모두의 비웃음거리가 되고 마는 것이다.

그리고 일부 기업에서 사라지지 않고 끊임없이 나타나는 맹목적 신념은 결국 새로운 아이디어를 짓밟고 창의성을 억누르는 결과로 이어지게 된다. 사람들이 더 이상 가치 체계에 의문을 제기하지 않을 것이기 때문이다.

이어지는 일화에는 당신이 일하고 있는 기업에 대해 다시 한 번 생각해보게 만드는 실마리가 들어 있다.

굿 스토리: 우리 안의 원숭이들

우리 안에 다섯 마리의 원숭이를 넣고 우리 한쪽 끝에 바나나 한 개를 놓아둔다. 당연히 원숭이들은 바나나를 집으러 달려갈 것이다. 그때 아주 차가운 물을 원숭이들에게 뿌린다. 그러면 원숭이들은 이내 바나나를 집으러 달려가서는 안 된다는 사실을 알게 된다.

이제 원숭이 한 마리를 새로운 원숭이로 교체한다. 새로 들어온 원숭이는 바나나와 어리석은 나머지 네 마리 원숭이들을 번갈아 쳐다보다가 이내 바나나를 집으러 달려가겠다고 마음을 먹을 것이다.

이 원숭이가 행동을 개시하려는 순간 나머지 원숭이들이 달려들어 막는다. 자신들처럼 찬물 세례를 당하지 않도록 하는 것이다. 바나나를 손에 넣으려고 해서는 안 된다는 사실을 제대로 학습한 셈이다.

이제 시간 간격을 두고 원숭이를 한 마리씩 새로 교체하여 찬물 세례를 받은 적이 있는 원숭이가 한 마리도 없게 한다.

그리고 이 원숭이들에게 왜 바나나를 집으러 가지 않는지 물어보라. 그러면 그들은 그 이유는 모른다고, 단지 여기서는 그렇게 해야 하는 것으로 알고 있다고 답할 것이다.

이런 '우물 안 개구리' 식 태도에 빠져 있는 동안 자신의 모습이 흉해졌다는 것을 깨닫고 문화 개선 작업에 착수하는 것은 기업들로서는 정말로 감당하기 힘든 일이다. 기업들은 문화 개선 작업이 아주 점진적으로밖에 이루어지지 않는, 지루하고 고된 과정이라는 것을 명심해야 할 것이다.

기업 문화가 어떤 장·단점을 가지고 있든, 대기업에서 일을 하고 있다면 기업 문화에 반하는 사람들에 대해서도 고려할 수 있어야 한다. 예의를 지극히 중시하는 문화 속에서 아주 공격적인 성향을 보이는 사람들이나, 직설적인 문화 속에서 단호함을 보이지 못하는 사람들이 그 예가 될 것이다. 이때는 필연적으로 기업 문화가 이기게 되어 있다. 개인들이 문화에 적응하거나, 적응하지 못하면 떠나야 하는 것이다. 안타까운 상황이 있을 수도 있지만, 이는 피할 수 없는 현실이다.

여러 가지 기업 문화가 충돌할 경우에는 문제 해결을 위한 창의적 방안이 필요하다.

 전문가 발언대
크리스 브루스터 ― 교수

기업 문화 충돌과 관련된 아주 좋은 일화가 하나 있습니다. IBM이 로터스 노트(Lotus Note)를 인수했을 때의 일이죠. 정말 문화 충돌이라고 할 수 있었습니다. 로터스 노트의 기업 문화는 자유분방하고 창의적인 것이었어요. 그곳 직원들은 기분이 내키면 반바지에 티셔츠 차림으로 출근하기도 했고, 남자가 치마를 입고 오는 경우도 있었습니다. 하지만 새롭고 혁신적인 아이디어만 내놓으면, 그 누구도 그들의 복장에 대해 뭐라 하지 않았습니다.

그런 로터스 노트가 완전히 상반되는 기업 문화를 가진 IBM에 인수된 겁니다. IBM측 인사가 로터스의 전 직원 앞에서 두 기업이 만나게 된 것은 정말 멋진 일이라는 등의 연설을 할 때, 한 청중이 이런 질문을 던졌습니다. "우리는 자유분방하고 편안한 분위기에서 일합니다. 혹시 치마 입고 출근해볼 생각이 있으신가요?"

이에 IBM측 인사는 이렇게 답했습니다. "제가 제시하는 수익 목표를 달성하면 치마를 입고 출근하지요." 이러한 대답에 로터스 직원들은 평소 같았으면 자신의 문제라고 생각하지 않았을 재정 부분에 관심을 집중하게 되었죠.

IBM측 인사의 처신은 현명했다고 할 수 있습니다. 로터스의 문화를 억누르지 않으면서, 동시에 직원들이 수익에 집중할 수 있도록 했으니까요.

✖ 사·례·연·구 | 문화 비교

마이크로소프트 영국지사 인적자원부 부장인 케이 윈스퍼는 자신이 몸담고 있는 마이크로소프트와 파이낸셜 타임스(Financial Times) 신문사를 대조하면서 기업 문화를 강조한 적이 있다. 이 두 기업의 커뮤니케이션은 과연 어떻게 달랐을까?

파이낸셜 타임스의 유명한 저널리스트인 루시 캘러웨이(Lucy Kellaway)와 업무를 바꿔 근무했을 때의 일입니다.

마이크로소프트와 FT 문화의 주된 차이점은 마이크로소프트는 팀에 중점을 두는 반면 FT는 개인 및 개인에 대한 보상과 인정을 기반으로 한다는 것이었습니다. FT 사람들의 업무는 마감 시간을 중심으로 개인적으로 돌아갑니다. 10시 30분 기사를 결정하는 회의와 11시 30분 제목 결정 회의 외에는 다른 프로세스가 전혀 없습니다. 그 후에는 4시 30분까지 조사를 하고 5시 30분 마감 시간까지 기사를 쓰지요.

제가 만난 저널리스트들은 그 누구도 나중 일에 대해서는 생각하지 않았습니다. 그들은 다음 주 기사에 대해서는 생각하지 않아요. 무엇보다 당장의 일이 시급하니까요.

업무 환경과 관련하여 차이점은 모든 사람에게 많은 정보가 제공된다는 것이었습니다. 키보드만 겨우 찾아볼 수 있을 정도로 높이 쌓인 서류들이 책상을 가득 차지하고 있었습니다. 책상 주변도 어지럽기 짝이 없었죠. 하지만 그런 혼잡함이 중요한 요소였어요.

FT의 업무 환경은 마이크로소프트와 전적으로 달랐지만 그들에겐 그 방식이 효과가 있었어요. 다음 날 FT가 지면을 꽉 채워 신문을 발행하는 것을 보면 말이죠.

여기에서 우리는 자신이 속한 기업에 맞추어 커뮤니케이션 스타일을 조정하려고 지나치게 고민할 필요가 없다는 사실을 알 수 있다.(물론 커뮤니케이션 상대가 어떤 사람인지에 대해서는 늘 신경을 써야 하겠지만 말이다.) 회사에서 몇 주만 지내고 나면, 회사의 문화가 자연스럽게 배어나오기 때문이다. 당신은 경계선이 어디인지 인식하게 되고, 그 경계선을 넘는 실수를 범하지 않게 될 것이다. 단, 다른 기업도 당신의 기업과 똑같은 문화를 가지고 있다고 가정하지 않도록 조심해야 한다.

굿 스토리: 젊고 예쁜 아가씨

주요 공공 분야의 연회 서비스 사업 계약을 위한 입찰 과정이 진행되고 있을 때의 일이었다. 잠재 공급업체들은 여러 가지 일상적 상황에 어떻게 대응할 것인가를 주제로 프레젠테이션을 해야 했다. 고위 공무원이 한 입찰

참가 업체의 직원에게 다음과 같은 질문을 했다.

"해외 투자자가 우리 지역에 새로운 생산 시설을 건설하는 문제로 사무실을 방문한다고 합시다. 물론 생산 시설의 신축은 지역 경제 개발에 있어 아주 중요한 부분입니다. 내가 전화를 걸어 점심을 준비해달라는 요청을 한다면 나에게 어떤 질문을 하겠습니까?"

공급업체 담당자는 순조롭게 대답을 시작했다.

"저라면 협상이 어느 단계에 와 있는지, 당일 귀 측이 얻고자 하는 성과가 무엇인지에 대해 먼저 질문을 하겠습니다. 그런 다음 손님들의 기억에 남을 만한, 테마가 있는 점심 시간에 대한 제의를 할 것입니다. 아주 공식적인 만찬일 경우에는 집사 차림을 한 웨이터도 두어 명 보내드릴 수 있습니다."

그런데 이 불쌍한 친구는 그 순간 공공 분야가 평등을 중시하고 특정계층을 비하하지 않는 문화를 가지고 있다는 사실을 인식하지 못하고 다음과 같은 말로 자기 무덤을 파고 만다. "하지만 그렇게 공식적이지 않은 자리라면 짧은 치마를 입은 젊고 예쁜 웨이트리스를 보내 드리겠습니다."

그의 이런 발언은 대다수 기업에서는 별 문제가 되지 않았을 것이다. 이런 현상이 옳은지 그른지는 각자의 판단에 달린 문제겠지만, 자신과 관련된 분야의 문화를 잘못 이해하고 있는 것은 부인할 수 없는 실수이다.

실전과제: 관심이 없던 분야를 탐색해보라

공감 기술, 즉 다른 사람의 눈으로 세상을 바라보는 능력을 향상시키고 싶다면 관심이 없던 분야를 탐색해봄으로써 잠시 자신에게서 벗어나보자.

이를 위한 아주 손쉬운 방법은 한 달에 한 번 평소에는 거들떠보지도 않던 잡지를 사서 보는 것이다. 예를 들어 남성이라면 여성 잡지를, 여성이라면 남성 잡지를 사는 것이다. 자신의 연령대와 상관없는 물건(예를 들어 십 대들이 애용하는 것들)을 사거나, 취미와 관련된 전문 서적(사진, 꽃꽂이, 연예 잡지 등)을 사보는 것도 방법이 될 수 있다.

잡지의 기사나 광고를 유심히 살펴보면 그 잡지를 읽는 평균적인 독자층이 어떤 인생관을 가지고 있는지 파악할 수 있다. 특히 독자 투고란을 읽으면 더욱 훌륭한 통찰력을 얻을 수 있다는 사실을 잊지 말기 바란다.

이를 통해 당신은 다른 사람들의 생각을 파악할 수 있을 뿐 아니라, 직관력의 속도 또한 향상시킬 수 있다.

10장 엘리베이터 테스트

- 첫인상은 단 몇 초 만에 형성된다.

- 복장, 머리, 화장은 모두 중요한 요소이다.

- 자연스럽게 행동하라. 사람들이 보고 싶어 하는 것은 당신 자신의 모습이다.

- 무의식적으로 나오는 비언어적 행동은 통제가 어렵다.

- 시선, 자세, 흉내 내기에 담긴 기본적인 정보를 읽을 수 있는 능력을 길러라.

- 신체적 접촉은 위험성을 가지고 있긴 하지만 중요한 요소이기도 하다.

- 다양한 국가의 문화를 이해하려고 노력하라.

- 회사의 문화를 인식하면 회사에 대한 이해가 증진되는 동시에 창의성이 억제된다.

- 당신과 관련된 다른 기업의 문화를 정확히 파악하라.

3부

성공을 위한 계획 수립

목표를 실행에 옮기기 위한 전략

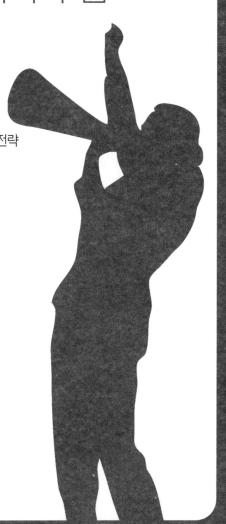

11장

계획 수립

커뮤니케이션을 위한 자신만의 계획 세우기

"우리는 그 어떤 기업도 한 자리에 머물러 있지 않다는 사실을 명심해야 합니다. 자신의 커뮤니케이션 스타일을 지속적으로 개발하지 않으면 조직을 따라잡지 못하고 뒤처지게 됩니다."

러셀 그로스먼 — BBC

자신의 커뮤니케이션 능력을 향상시키기 위해서는 자신만의 커뮤니케이션 전략에 대해서 계획을 세워야 한다. 하지만 계획 수립이란 정말 지겨운 작업이 아니던가? 바로 그 지겨움을 덜어주기 위해 우리는 계획 수립 과정에 소요되는 시간을 줄이고, 감내해야 하는 고통과 절망감을 덜어줄 한 가지 체계를 고안해냈다.

왜 계획을 세워야 하는가

우리는 인생의 대부분을 '무의식적으로' 살아간다. 그건 모두 다 마찬가지이다. 우리는 매일 아침 눈을 뜨고 일어나 여러 가지 집안일, 사회 활동, 업무 등을 한다. 그리고 잠자리에 들면 다시 똑같은 일상이 반복된다.

이따금씩 이러한 일상에서 벗어나 '특별한' 활동을 하기도 한다. 예를 들면 휴가를 내기도 하고 크리스마스를 즐기기도 한다. 하지만 나이가 들어 이런 활동을 자주 하게 되면 양치질처럼 자주 하지 않는 일일 뿐이지, 이 또한 일상의 일부분이 된다.

당신은 하던 일을 멈추고 가만히 앉아 자신의 주변 상황을 돌아보면서 자신이 누구인지, 과연 나는 행복한지 생각해보는 시간이 얼마나 되는가? 무언가를 의식한다는 것은 일상의 틀을 깨고 현재 상태를 변화시키는 첫 단계이다. 이렇게 현실을 인식한 후에야 당신이 나아가야 할 방향에 대한 결정을 내릴 수 있다.

 가라사대

잰 쇼 — 세인스베리

> 오랫동안 직장생활을 한 사람들은 자신의 커뮤니케이션 능력을 향상시키기 위해 의식적인 노력을 하는 것이 얼마나 중요한지 잘 알고 있으리라 생각합니다. 하지만 생각에만 그치지 말고 커뮤니케이션과 관련된 것을 꼼꼼하게 기록해두는 일이 필요합니다. 마지막으로 팀원들과 이야기를 나눈 시기 등을 적어두는 것입니다.
>
> 새해가 시작될 때 저는 고위 관리자들과 매주 회의를 하겠다는 것을 다이어리에 적어둘 것입니다. 실제로 실행을 하기 위해서죠. 물론 그것은 계획하지 않고도 할 수 있는 일이지만 꼭 지키기 위해서는 어느 정도의 사전 계획이 필요하다고 생각합니다. 무언가를 취소하기란 아주 쉬운 법이거든

요. 아이디어가 아주 많이 떠오른다면 그것을 다이어리에 적어놓고 실행
시키세요. 그래야 핵심적인 내용들을 실제로 진행시킬 수 있습니다.

계획 수립을 마치고 새로운 전략을 실행시키기 시작했을 때 당신은 중요한 일들
을 할 시간이 훨씬 더 많아졌다는 것을 알게 될 것이다. 세상에는 그 누구도 바꿀
수 없는 물리 법칙이 한 가지 있다. 바로 '시간은 한정되어 있다.'는 것이다.

메시지와 정보를 신중하게 선택하기

오늘날과 같은 정교한 컴퓨터 기술이 없던 1970년대에는 비즈니스에 필요한 분
석 작업을 하기가 아주 고생스러웠다. 예를 들어 연간 십만 파운드 이상의 매출
을 올려주는 고객이 얼마나 되는지 알고 싶을 때, 고객의 이름과 지출 내역이 날
짜와 함께 나와 있는 방대한 자료들을 인쇄하는 것이 최선의 방법이었다.

그리고 누군가가(그를 '조'라 부르기로 하자) 그 인쇄물을 한 줄 한 줄 확인하여
지출액이 많은 고객의 이름을 골라내 다른 종이에 옮겨 적어야 했을 것이다. 회
사가 고객에 대한 정보를 더욱 필요로 하게 될수록(그것이 경쟁에서 앞서 나갈 수
있는 유일한 방법이기 때문에) 조가 이 작업을 행하는 횟수는 점점 더 늘어났고 결
국 조는 업무 시간 내내 거의 이 일에 매달려야 하는 지경이 되었다.

어느 날 한 순진한 부하 직원이 조에게 물었다. "이 작업이 지겹지 않으세요?"
조의 대답은 "글쎄, 이 일이 아니더라도 어차피 다른 일을 하고 있을 텐데, 뭐."

조는 이 괴상한 철학을 가지고 지루한 작업을 수행해나갔다. 이 일화를 통해
우리는 시간이 한정되어 있다는 사실을 다시 한 번 깨닫게 된다. 시간은 유한하
기 때문에 소중한 자원이 되는 것이고 따라서 우리는 심사숙고하여 시간 분배를

해야 하는 것이다.

　이러한 사실은 오늘날 대부분의 사람들이 '정보의 과부하'에 시달리고 있다는 점을 생각해볼 때 무엇보다 의미가 있다. 커뮤니케이션을 통해 전달하고 전달받는 메시지 및 정보를 보다 신중하게 선택할 필요가 있다는 이야기다.

우리가 실패하는 이유

우리는 종종 (우리를 실패로 몰아가기도 하는) 커다란 실수를 범한다. 바로 실현 불가능하고 의욕만 앞선 무모한 자기 변화 관리 프로그램을 시작하는 것이다.

자기 계발 ─ 정초의 헬스클럽 증후군

피트니스 업계만큼 계절에 영향을 받는 산업도 없을 것이다. 우리가 계산해본 바에 따르면 무려 60%에 달하는 신입회원이 새해가 시작된 지 첫 2주 동안에 등록을 하는 것으로 나타났다. 아무래도 정초가 되면 자신의 태만함을 다시 한 번 반성하게 되고, 새 출발을 하라며 다른 사람들로부터 선물을 받을 기회도 생기기 때문일 것이다.

　하지만 안타깝게도 정초의 이 결심은 오래가지 못한다. 통계적으로 봤을 때 등록 기간이 끝나기 전에 사람들이 헬스클럽을 찾는 횟수는 겨우 12번에 불과할 가능성이 크다. 자신의 경우는 어땠는지 한번 생각해보자. 한두 번은 수영장이나 사우나만 이용하고 나왔을 것이고, 아예 트레이너의 얼굴을 잊은 적도 있을 것이며, 종아리 근육이 뭉쳤다는 이유로 운동을 거른 적도 있을 것이다. 또 솔직히 말해 구운 감자 하나만큼의 열량도 소비하지 못한 경우도 있을 것이다.

실패는 대개 과도한 기대와 계획의 부재라는 두 가지 원인이 함께 작용한 결과로 일어나는 경우가 많다. 자신을 완전히 바꾸려고 하기보다는 현재 자신의 모습에서 최선을 이끌어낼 수 있는 계획을 수립하는 방향으로 생각을 하는 것이 좋다. 우리는 당장 눈에 띄는 급격한 변화보다는 점진적인 변화를 이루게 될 것이다. 하지만 달성 가능한 목표에 대해 현실적인 시각을 가지는 것이 결과에 실망하지 않고 어느 정도의 만족감을 느낄 수 있는 좋은 방법이다.

시작하기

성공적인 계획 수립을 위한 3단계

- 현실을 인식한다.
- 계획 수립을 위한 계획을 세운다.
- 달성해야 할 목표를 하나씩 확인해나간다.

현재의 상황을 바꾸기 위해서는 마음가짐이 중요하다. 그 다음에는 따로 시간을 할애하려는 노력을 해야 한다. 이를 다이어리에 적어두는 경우에는 '해야 할 일'의 목록에 포함시켜 하나씩 지워나갈 수도 있다.

성공적인 계획을 수립할 때의 핵심은 이 과정을 피부에 딱 달라붙어 있는 파스를 떼어내는 것으로 생각하는 것이다. 천천히 떼어낸다고 아픔이 줄어드는 것이 아니라, 오히려 고통스런 시간만 연장되지 않던가. 짧고, 단호하고, 충격적인 방식을 사용하라. 처음에는 죽을 만큼 고통스럽겠지만 순간이면 끝날 것이다.

계획 수립 시작하기

한 시간 동안에 이 과정을 끝내야 한다. 기업들의 경우에는 이 과정을 마치는 데 며칠이 걸릴 테지만, 당신에게는 그 정도로 시간을 낭비할 여유가 없다.

그런 만큼 당신은 어떤 것으로부터도 방해받지 않고 지금 이 과정에 집중해야 할 필요가 있다. 조용한 장소를 택한 후 전화기에는 자동 응답 기능을 설정하고 컴퓨터는 끈다. 또 허기를 느끼지 않도록 음식물은 미리 먹어둔다.

이제 당신은 시간을 확인해야 하는데, 이는 지극히 중요한 사항이다. 이 과제를 완수하는 데는 반드시 딱 한 시간만 소비해야 하기 때문이다.

이 과정은 마지막의 짤막한 검토 시간을 포함하여 총 다섯 단계로 이루어져 있다. 어떤 일을 하기 전에 미리 시간을 나눠두는 것은 훌륭한 자세일 뿐 아니라 당장 해야 하는 특정 과업에 집중하는 데도 도움이 된다.

계획 수립의 단계는 다음과 같다.

1. 자기 감사
2. 시간 확보
3. 목표 설정 ― 거시적 목표 및 미시적 목표
4. 자원 조달
5. 평가

계획 수립을 위한 한 시간은 다음과 같이 구성된다.

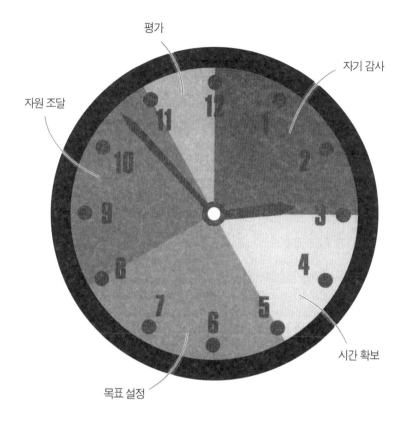

평가

자기 감사

자원 조달

시간 확보

목표 설정

계획 수립의 단계

자기 감사

이 단계에서는 '나는 지금 어디에 있는가?' 라는 질문에 답을 하게 된다. 당신의 현재 위치와 원하는 위치 사이에는 분명 차이가 있을 것이다. 결국 이 단계의 핵심은 그 차이를 극복할 방법을 찾아내는 것이라 할 수 있다.

먼저 당신은 자신의 **생각**과 **행동**에 대해 면밀히 살펴볼 필요가 있다.

우리는 당신이 아주 형편없는 커뮤니케이터가 아니며, 어떤 측면에서는 자신의 커뮤니케이션 방식에 어느 정도 만족하고 있다는 사실을 충분히 감안하고 있다. 하지만 부정적인 면을 해결하려고 노력하는 것이 목적인 만큼, 무엇보다 먼저 문제가 되고 있는 사항들을 직시하는 과정이 필요하다.

세 개의 문장으로 자신의 커뮤니케이션 프로파일의 취약한 부분과 관련한 자신의 생각을 요약해본다. 아래의 예를 참고하면 어떻게 하라는 것인지 이해할 수 있을 것이다.

- 나는 가끔 할 말을 다 하지 못했다는 느낌을 가진 채 회의장을 나서곤 한다.
- 이메일 첨부파일을 읽는 데만 업무 시간의 절반을 할애하는 것 같다.
- 많은 사람들 앞에서 말할 때 긴장감을 감추지 못하는 것 같다.

아마 자신에게 가장 중요한 문제들이 표면에 드러나게 될 것이고, 이렇게 문제가 표면화되는 과정은 당신이 해결하고 싶은 것이 무엇인지 알려주는 훌륭한 지표가 된다. 우리는 여기서 자신의 커뮤니케이션과 관련해 어떤 생각을 갖고 있는지 의식하는 과정을 거쳐야 한다. 이때 일목요연하게 생각을 정리하려면 자신이 커뮤니케이션 시간을 어떻게 활용하고 있는가 하는 실용적인 문제에 대해 생각해봐야 한다.

자기 감사를 위한 체크리스트

- 매일 · 매주 당신은 얼마나 많은 회의에 참석하는가?
- 회의에 소요되는 시간은 평균적으로 어느 정도인가?

- 한 시간 이상이 소요되는 회의의 비율은 어느 정도인가?

- 정해진 시간을 초과하는 회의의 비율은 어느 정도인가?

- 하루·한 주 동안 얼마나 많은 이메일을 받는가?

- 이메일을 처리하는 횟수는 얼마나 되는가?(하루에 한 번, 매 시간마다, 이메일이 도착한 즉시 등)

- 실행을 중시하는 메일과 정보 제공을 목적으로 하는 메일이 차지하는 비중은 각각 어느 정도인가?

- 수신한 이메일 중 목표 설정이 잘못되었거나 당신과 그다지 연관이 없는 것의 비율은 어느 정도인가?

- 이메일을 보내는 횟수는 얼마나 되는가?(하루에 한 번, 매 시간마다, 이메일이 도착한 즉시 회신 등)

- (청중이 6명 이상인) 프레젠테이션을 얼마나 자주 하는가?

- 어느 정도 준비를 하는가?

- 준비 과정에서 당신을 도와줄 수 있는 사람은 몇 명이나 되는가?

- 당신이 하루에 전화 통화를 하는 시간은 얼마나 되는가?

- 전화 통화에 소요되는 평균 시간은 얼마나 되는가?

- 중요한 전화는 얼마나 걸려 오는가?

- 전화 거는 시간을 따로 정해두는가 아니면 필요할 때 거는가?

결론

필경 당신은 현재 자신이 그다지 중요하지 않은 일에 너무 많은 시간을 낭비하고 있다는 결론에 다다르게 될 것이다. 당신이 이러한 결론에 다다를 것을 뻔히 알면서도 이 질문에 대해 생각해보도록 한 이유는 무엇일까?

다시 한 번 말하지만 지금보다 더 나은 커뮤니케이션 능력을 보유할 수 있도록 현실에 대한 당신의 자각 수준을 높이기 위해서다. 이와 함께 이러한 질문들을 던지다 보면 어떤 회의가 무의미한지, 중요하지 않은 이메일은 어떤 것인지, 무엇이 불필요한 통화인지에 주의를 집중할 수 있다는 부수적인 혜택도 있다.

회의와 관련된 문제점

회의는 시작 시간은 정해져 있어도, 종료 시간이 정해져 있는 경우는 거의 없다.(참석자 전원이 곧 다음 회의에 참석해야 하는 경우가 아닌 한에는 말이다!)

우리는 특정 업무를 하는 시간을 정해놓고 시간이 남으면 업무가 마무리된 상태에서도 계속 그 일에 매달린다. 하지만 이때 발상을 전환해 중요한 것을 업무가 아니라 '시간'으로 간주하면 우린 놀라운 결과를 얻을 수 있다. 다른 일을 할 수 있는 엄청난 여유 시간이 주어진다는 것이다.

종료 시간이 정해져 있지 않은 회의는 두서가 없어지거나 논제가 점점 옆길로 새어 다시는 회의의 원래 목적으로 돌아오지 못하는 결과를 초래하게 된다. 우리의 사고 역시 이 과정을 따라가게 되어 집중력이 저하되고 의사 결정 과정에서 어려움을 겪게 된다.

'자, 이제부터 30분 동안 우리의 최대 고객으로부터 새로 주문을 받을 수 있는 가장 효율적인 방법에 대해 논의해봅시다.' 라는 식으로 회의를 시작한다면, 분명 회의의 초점을 명확하게 유지할 수 있을 뿐 아니라 보다 창의적인 제안들을 얻을 수 있을 것이다.

시간 확보

시간이란 것을 사탕이 가득 찬 자루라고 생각해보자. 당신은 매일 자루 하나씩을 새로 받으며, 사탕 하나하나는 당신의 소중한 시간 10분을 의미한다.

당신이 해내야 하는 모든 업무는 (당신이 이메일에 회신해주기를 바라거나, 회의에 참석하거나 전화를 받기 바라는 등) 당신의 시간(사탕)을 원하는 사람들에 의해 생긴 것이라고 할 수 있다. 당신은 그들의 요청에 응할 때마다 자신의 자루에서 거기에 할당된 시간만큼의 사탕을 꺼내주어야 한다.

한 번 자루에서 꺼내준 사탕은 다시는 되돌려 받을 수 없다. 따라서 사탕을 모두 나누어 주거나 다른 사람에게 나누어 주겠다는 약속을 하게 되면 매일 사탕이 모자라 누군가는 실망시켜야 하는 일을 겪게 될 것이다.

하지만 사탕을 어느 정도 남겨둘 수 있는 방법을 찾아낸다면 한나절 정도가 지나 모두를 만족시키고 더 이상 요청이 들어오지 않을 때 당신은 자신을 위한 자유 시간을 얻을 수 있다. 이렇게 생긴 여유 시간은 다른 사람을 돕거나 내일 해야 할 일 일부를 미리 시작하는 데 활용할 수 있을 것이다. 하지만 이 시간을 가장 멋지게 활용하는 방법은 일을 멈추고 생각할 시간을 갖는 것이다.

힘든 결정 내리기

시간을 보다 많이 확보하기 위해서는 다음의 3단계를 마쳐야 한다.

무엇보다도 먼저, 사탕을 필요로 하는 일상적인 모든 요청들에 의문을 제기하고 사탕을 나누어 주어야 하는 타당한 이유를 제시해야 한다. 반드시 필요한 커뮤니케이션과 있으면 좋은 커뮤니케이션 간의 차이를 구별할 수 있어야 한다.

자신에게 다음과 같은 질문을 던져본다.

- 이 회의에서 나는 무엇을 얻을 수 있는가? 내가 이 회의에 참석함으로써 다른 이들은 어떤 이익을 얻는가?

- 내가 받는 이메일 중 중요한 것은 얼마나 되는가? 사적이거나 업무와 무관한 메일은 얼마나 되는가? 이런 메일을 완전히 차단하는 것이 바람직할 것인가?

- 단지 잡담을 하기 위해 전화를 거는 사람은 누구인가? 나의 전체 통화 시간 중에서 발전을 위한 사안에 중점을 두는 시간은 얼마나 되는가?

- 내 의견을 진정 소중하게 생각해서가 아니라 자신이 생각하기 싫어서 나의 의견을 구하는 사람들이 있는가?

- 부하 직원들과는 어떤 유형의 커뮤니케이션을 수행해야 하는가? 정보 제공과 동기 부여는 어떻게 구분할 수 있을까? 그들이 기대하는 바는 무엇인가?

- 상관은 업무에 대한 최근 상황을 얼마나 자주 보고받고 싶어 하는가? 어느 정도 상세하게 보고해야 하는가? 가장 적합한 커뮤니케이션 채널은 무엇인가?(일대일 대면, 이메일, 전화, 메모 남기기 등)

위의 질문에 답하는 것으로 당신은 시간을 배분하는 것과 관련하여 중요한 첫 단계를 마치게 된다. 이는 커뮤니케이션을 위한 기준을 평가하는 단계이기도 하다.

누가 통제권을 쥐고 있는가

당신의 상관은 단조롭고 지루한 목소리를 가진 데다, 항상 주제에서 벗어나는 이야기를 하고, 의제의 흐름을 통제하는 방법에 대해 아무 생각도 없다. 그런데도 왜 당신은 매주 그가 소집하는 회의에 참석하려고 하는 것일까? 아마 그가 당신의 상관이기 때문일 것이다.

통제력과 관련된 다음의 사분면을 살펴보기 바란다. 당신은 어떤 사람과 커뮤니케이션을 할 것인지, 또 그 사람에게 맞는 가장 효과적인 채널이 무엇인지 이미 결정했을 수 있다. 하지만 이와 함께 당신은 상대방이 누구인지에 대해서도 고려를 해야 한다.

당신의 계획을 구상할 때 다음의 기본 도식을 활용해보기 바란다.

자신의 통제력이 미미할 때	자신의 통제력이 강할 때	
이 일은 정말로 중요한 것이므로 웃으며 꾹 참는다	통제력을 최대한 활용한다	중요하고 의미 있는 사안
자신의 능력 안에서 관리하려고 노력한다	업무에서 제외시키고 더 이상 신경 쓰지 않는다	사소하고 별 의미가 없는 사안

실행에 옮겨라

자신의 통제력이 강한 분야에 대해서는 당신에게 주어진 기회를 최대한 활용할 수 있는 방법에 대해 생각해보아야 할 것이다. 과연 당신은 주어진 시간을 잘 활용하고 있는가? 회의 시간을 단축할 수 있는 방법은 없는가? 뭔가 다른 요소를 첨가해 더 많은 참석자들이 회의에 흥미를 느낄 수 있도록 할 수 있을 것인가?

마찬가지로 당신이 제외시킬 수 있는 사안을 결정할 때에도 충분히 단호함을 보일 수 있다. 당신의 통제력 안에 있는 일이기 때문이다.

대처하기가 훨씬 어려운 것은 바로 통제력이 낮은 부분이다. 상관은 자신의 회의가 형편없다는 비판을 너그럽게 수용하려 하지 않을 것이다. 그렇다고 이 문제에 관해 모든 걸 포기해야 하는 건 아니다. 동료들 역시 여러분과 같은 생각을 가지고 있을 것이고, 시간을 가지고 은근히 설득하고 압력을 가한다면 어느 정도 변화를 이루어낼 수 있을 것이다.

목표 설정

이세 당신은 사신이 향상시키고자 하는 복잡다단한 커뮤니케이션의 구성 요소에 대해 잘 인식하게 되었을 것이다. 또 약간의 여유 시간도 확보해놓을 수 있게 되었으며, 경우에 따라 당신에게 적용되거나 적용되지 않을 수 있는 실용적인 지침들도 숙지하게 되었다. 이제부터 당신은 자신의 커뮤니케이션 능력을 향상시키기 위해 관련된 세 가지 분야를 목표로 설정해야 한다. 이때는 **실행**과 **빈도** 두 가지 요소를 모두 고려해야 한다.

이 초기 계획에 따라 앞으로 얼마나 지속적으로 계획 수립 작업을 해야 하는지가 결정될 것이다. 예를 들어 당신이 한 번만 실행하면 되는 아주 단순한 사항을 목표로 설정하게 되면, 실행과 동시에 목표를 성취하게 된다. 그렇다면 그 뒤에는 어떻게 해야 할까? 처음부터 다시 시작한다. (11장 서두에 소개된 러셀 그로스먼의 말을 다시 읽어본다면 그 이유를 충분히 납득할 수 있을 것이다.)

어떤 것들은 실행하는 데 더 오랜 시간이 소요되고 더욱 지속적으로 헌신해서 노력해야 할 수도 있다. 이 일들을 위해 당신은 일주일 단위나 심지어 하루 단위로 따로 시간을 내야 할지도 모른다.

다음은 목표로 설정해볼 만한 내용들이다. 빈도가 전반적인 노력 정도에 어떤 영향을 미치는지 한번 살펴보도록 한다.

- 대학에서 진행하는 대중 연설 강좌에 등록하여 프레젠테이션 기술을 향상시키겠다.
- 매일 업무 시간 마지막 30분에는 이메일의 받은 편지함을 정리할 것이다. 수신한 편지를 파일로 저장하고 필요 없는 메시지는 삭제한다.
- 새로운 업계나 업계와 관련이 있는 출판물, 신문, 주간 정보지를 구해서 볼 것이다. 매주 한 시간씩 시간을 내서 읽고 그 내용을 소화할 것이다. 적절한 내용이나 배울 점이 있으면 메모해둘 것이다.
- 회사 이메일로 스팸 메일이나 웃긴 이야기를 보내는 모든 친구들에게 앞으로는 개인 이메일로 보내달라고 부탁할 것이다.
- 음성 메일은 비상시에만 사용할 것이다.
- 내가 주관하는 모든 부서 회의는 최대 한 시간으로 제한할 것이며, 안건은 사전에 제시하도록 할 것이다.

당신이 성취하고자 하는 목표가 수십 가지는 되는데, 그중 극히 일부에만 매달리는 것이 마음에 들지 않는다면 이 과정이 일회성에 그치는 것이 아님을 명심하기 바란다. 당신은 가장 우선적으로 해야 할 일을 고르고 있는 것이다. 이 최우선 순위 사항들에서 보다 많은 진전을 이룰수록 보다 빨리 다음 항목으로 넘어갈 수 있게 된다.

당분간은 과감하게 목표를 선택한다. 적어도 실제로 실행을 하기 전까지는 그러한 결정으로 인해 영향을 받는 것은 당신 자신뿐이므로, 아직 실행을 하지 않은 안전한 환경 속에서는 어느 정도의 리스크를 감수하라는 이야기다. 다음 부분을 보면 당신의 목표를 성취하는 데 무엇이 필요한지 파악할 수 있을 것이다. 그래도 너무 무리라고 생각된다면 감당할 수 있는 보다 현실적인 목표를 설정한다.

자원 조달

계획 수립의 최종 과정은 그 계획을 실제로 어떻게 실행에 옮길지 생각해보는 것이다. 당신이 설정한 목표에 도달하기 위해 조달해야 하는 것은 무엇일까? 앞의 예처럼 업계의 동향을 파악하기 위해 잡지가 필요할 수도 있고, 동료의 도움 혹은 인사부의 도움이 필요할 수도 있다.

다음의 리스트를 참고하면 번뜩이는 아이디어를 내는 데 도움을 받을 수 있을 것이다.

- 나는 재교육을 받을 필요가 있는가? 이와 관련해 도움을 줄 수 있는 사람은 누구인가?
- 내가 필요로 하는 물리적인 자원들을 어디서 어떻게 조달할 수 있는가?(물류 및 비용, 다른 사람과 자원을 공유하는 문제에 대해 생각해본다.)
- 조사 작업에 활용할 수 있는 도구에 어떤 것이 있는가?(인터넷, 내부 문서 등)
- 내가 발전하고 있다는 것을 언제, 어떤 방법으로 확인할 수 있는가?
- 나의 멘토가 되어줄 만한 사람이 있는가?
- 나의 역할 모델은 누구인가?

평가

계획 수립 시간의 남은 마지막 5분은 지금까지의 과정을 되돌아보는 데 사용해야한다. 자신이 하겠다고 마음먹었던 것을 제대로 해냈는지 확인해본다.

- 당신의 현재 위치를 성공적으로 감사하였는가?
- 당신이 어떤 유형의 커뮤니케이터인지 알고 있는가? 당신이 어떤 부분에 취약한지 파악했는가?
- 이제 무엇이 시간을 낭비하는 활동인지 분명해졌는가?
- 그중 어떤 것을 포기할 수 있는지 생각해보았는가?
- 실현 가능한 목표들을 설정하였는가?
- 각 목표에 대해 구체적인 실행 사항을 결정하였는가?
- 누가 그리고 무엇이 당신에게 도움을 줄 수 있을지 찾아냈는가? 또 비용, 소요 시간, 물류 등을 고려해보았는가?

이 과정의 75%만 제대로 해냈어도, 실행 가능한 계획을 세운 것이다. 그중에는 당장 실천할 수 있는 것들도 있을 것이다. 남은 시간은 불완전한 25%에 대해서 걱정하기보다는 다음 달에 좀 더 많은 계획 수립 기간을 잡는 데 활용하라. 부족한 부분이 어디인지 생각해보고 다음번 계획 수립 기간에는 어떤 부분을 어떻게 보완할 것인지 메모를 해두도록 한다. (이는 다음번 계획 수립 기간 전까지 일부 자원을 축적하라는 의미가 되기도 한다.)

이 모든 과정을 마쳤으면, 이제 계획 수립 단계에서 실행 단계로 넘어가자.

계획 수립의 황금률

- 계획에 맞추어 계획을 수립한다. 그렇게 하지 않으면 제대로 계획을 세울 수 없다.

- 신속하게 계획을 세운다. 계획 수립 기간 동안 계속 정신을 집중해야 계획을 기억하기도 더 쉽고 덜 고생스럽다.

- 계획 세우는 일은 지겹더라도 성취는 신 나는 일이 아니던가. 계획 수립을 자신의 기술을 향상시키는 전체 과정의 일부로 생각한다.

- 계획에 대해 좋게 생각할 수 있으려면 계획에 대한 신념이 있어야 한다.

- 당신이 신을 수 있는 신발은 언제나 한 켤레뿐이다. 당장 주어진 과제에 집중하고 다른 부분에 대해서는 나중에 생각하도록 하라.

- 계획 수립에 엘리베이터 테스트를 적용해보라. 당신의 계획을 동료에게 짤막한 문장 몇 개로 설명해줄 수 있겠는가?

- 계획 수립의 과정에 재검토와 반성의 시간을 포함시키도록 하라. 그 후에 전체 계획의 다음 단계로 넘어가도록 한다.

- 수립한 계획을 적어 눈에 잘 띄는 곳에 붙여둔다. 설령 계획을 냉장고 안에 붙여두는 한이 있더라도 당신에게 완수해야 할 계획이 있다는 사실을 언제나 의식할 수 있어야 한다.

계획 수립 사례

비디오 촬영

다음번 회사 전체 회의에 쓸 짤막한 영상을 촬영하려고 한다면 어느 정도의 계획 수립이 필요할까? CEO의 요청에 따라 그가 잠시 이야기하는 장면을 담고, 이어 제조 공장 장면과 최종 제품을 구매하는 일부 고객의 장면을 담는다고 해보자.

제작자가 당신 옆에서 모든 기술적 및 내용적 측면을 담당할 예정이지만, 물류와 관련된 부분에 대해서는 당신이 계획을 세워야 한다. 이 경우 당신은 다음과 같은 사항들을 고려해야 할 것이다.

우선 최종 완성본의 상영 시간을 따져봐야 하고, 예산 중 반드시 필요한 부분과 없어도 괜찮은 부분을 결정해야 한다. 그리고 CEO가 촬영에 협조할 수 있는 시간을 알아봐야 하며, 조용하면서도 촬영에 적합한 장소를 물색해야 한다. 이와 함께 보건 및 안전 문제, 제작 보험, 고객들의 촬영 동의 문제 등과 영상을 편집할 방법과 장소 및 제작 양식(VHS, DVD 등)에 대해서도 생각해봐야 한다.

이것은 겉핥기에 불과하다. 계획 수립 단계에 추가로 포함될 수 있는 사항을 다섯 가지만 더 꼽아보라. 금방 떠오를 것이다.

비디오와 같은 '폼 나는' 커뮤니케이션 수단을 사용할 경우에는 사전 작업을 모두 생략하고 당장 촬영에 들어가고 싶을 것이다. 하지만 당신은 이쯤에서 이미 최종 제작물을 완성시키기 위해서는 사전 작업이 얼마나 많이 이루어져야 하는지 파악하기 시작했을 것이다. 프로젝트에 필요한 모든 시간을 조사해본다면 계획 수립과 준비 단계에 전체의 절반 내지 3분의 2에 해당하는 시간이 소요된다는 것을 알게 될 것이다.

커뮤니케이션의 규모가 클수록 계획 수립의 필요성도 커진다. 비디오 촬영 시 사전 작업을 한번 생략해보라. 형편없는 작품이라도 건지면 그나마 다행이고, 최악의 경우에는 프로젝트 전체를 망치는 일이 발생하고 말 것이다.

실전과제: 계획 수립에도 준비가 필요하다

계획 수립은 최대한의 집중력을 발휘하여 신속히 해치울 수 있는 대표적인 활동이다. 하루 종일 이러한 고도의 정신 노동을 할 수 있는 사람은 거의 없다.

우리는 이 점을 염두에 두고 목표로 정한 것을 반드시 성취하기 위해 준비를 해야 한다. 가장 먼저 해야 할 일은 집중할 수 있는 시간의 한계를 정하는 것이다. (훌륭한 교사는 똑같은 활동을 휴식 시간 없이 20분 이상 지속하지 않는다. 어떤 일이든 집중해서 한 시간 이상은 하지 말 것을 권하는 바다.)

그런 다음, 주위를 산만하게 만드는 모든 방해물을 없앤다. 앞서 언급했듯 전화 벨소리가 나지 않게 하고 주위에 전화를 거는 사람들이 없도록 한다. 이와 더불어 당신의 머릿속도 비워야 한다. 당장 해결해야 할 중요한 업무가 있는 상태에서는 고도의 정신 집중이 필요한 활동을 한다며 자리에 앉아 있는 것이 아무 소용이 없을 것이다.

마지막으로 (어쩌면 별 상관이 없는 말로 들릴지 모르지만) 물을 아주 많이 마셔 두어라. 오늘날 많은 사람들이 수분 부족 현상을 겪는데, 이것이 집중력과 직접적인 연관이 있다고 주장하는 과학적 증거들이 점점 늘어나고 있다.

중요한 계획과 일상적 계획

이제 당신은 자신의 전반적인 커뮤니케이션 전략에 관해 살펴보고 이 전략을 지속적으로 실행하기 위한 계획도 세워둔 상태다. 남은 문제는 일상 속에서 다른 수많은 업무들과 부딪히면서 어떻게 그 계획을 지속적으로 실천하느냐이다.

사람들이 실패하는 건 대개 하루의 계획을 세우지 않기 때문이다. '해야 할 일' 목록을 작성하면 훌륭한 출발이 되겠지만, 우선순위를 고려하지 않는다면 아무 소용이 없다. 그런 리스트가 제대로 효과를 발휘하도록 하려면 두 가지 요소를 추가해야 한다. 먼저, 각 항목 옆에 시간을 할당한다. 그렇게 하지 않으면 그날 당신이 목표로 하는 일을 모두 마칠 수 있는지 알 방법이 없다. 10분 단위로 시간을 할당하되(10분 이내에 끝낼 수 있는 일은 그다지 많지 않을 것이다) 한 시간 이상을 넘기는 업무는 없어야 한다. 오랜 시간이 소요되는 엄청나게 규모가 큰 프로젝트를 진행하고 있는 경우에는 한 시간 단위로 시간을 할당해야 할 것이다. 그리고 각 업무에 서로 다른 이름을 붙여주면 프로젝트를 조금씩 마무리해가고 있다는 것을 인식하게 되면서 보다 큰 성취감을 느낄 수 있을 것이다.

그러고 나서 각 항목 옆에 번호를 적는다. 업무 처리 순서를 정하는 것이다. 이때는 업무 사이의 균형을 맞추는 것이 중요하다. 고도의 집중력을 요하는 일을 한 후에는 그보다는 덜 고된 일을 하는 것이 좋다는 의미다. 주저하지 말고 목록에 일상적인 업무를 포함시켜라. 그것들 역시 당신의 소중한 시간을 잡아먹지 않는가. 다음은 체계적인 '해야 할 일' 목록의 사례이다.

1. 업무 목록을 다시 정리 (1)

5. 목요일에 호텔을 이용할 수 있는지 확인 (1)

3. 제품 회의 보고서 준비 (2)

4. 제품 회의 보고서 작성 (3)

7. 엠마에게 비용과 관련하여 이메일 보내기 (1)

6. 벤에게 회신하면서 회의 안건 제시 (3)

10. 온라인으로 경쟁사 활동 조사 (6)

9. 팀원들에게 감사 인사를 담은 메모 보내기 (2)

8. 전무이사에게 제출할 회의 보고서 작성 (6)

2. 도착된 우편물 분류 및 회신 (2)

11. 이메일의 받은 편지함 분류 및 회신 (2)

오른쪽의 숫자는 해당 업무에 할당된 시간(10분 단위)을 나타낸다. 즉 온라인 검색에는 한 시간이, 도착한 우편물을 분류하는 데는 20분만이 할당되어 있는 것이다. 하지만 이 기준이 항상 딱 떨어지는 것은 아니다. 다시 말해, 생산품 회의 보고서를 작성하는 데는 30분만 쓰겠다고 결정할 수 있지만, 이메일의 받은 편지함에 어떤 일이 있을지는 알 수 없는 것이다. 시간이 지나면 각 항목들에 어느 정도의 시간이 필요할지 예상하는 데 능숙해지겠지만, 단 20분 만에 이메일의 받은 편지함을 정리한다는 계획을 세워두면 놀라울 정도로 집중력이 향상되는 것을 목격하게 될 것이다. 사람들은 대개 오전에 보다 집중력을 발휘하므로, 어려운 업무는 오전에 처리할 수 있도록 계획을 세우는 것이 좋다.

보고서 작성과 같이 힘겨운 업무 사이에는 자신을 위한 보상 시간을 마련해둔다.(팀원들에게 감사 인사를 전하는 일 등이 적합할 것이다. 팀 매니저로서 뿌듯함을 느낄 수 있을 것이기 때문이다.) 혹은 '단순 업무'를 끼워 넣는 것도 좋다. 호텔 이용이 가능한지 확인해보는 등의 일을 하는 것이다. 이런 일에는 집중력이 거의 필요하지 않기 때문에, 당신에게는 일종의 휴식 시간이 될 수 있다. 이따금씩 티 타임이나 점심 시간을 이용해 제대로 휴식을 취하는 것도 필요하다.

이상의 내용을 요약해보면, 해야 할 일 목록을 작성하는 데는 3단계가 있다는 것이다. 1단계, 처리해야 할 업무를 적는다. 2단계, 10분 단위의 시간을 할당한다. 마지막 3단계, 일을 처리할 순서대로 번호를 적는다.

시간을 할당하는 것과 관련해 마지막으로 한 마디 덧붙이자면, 반복적인 업무를 습관화하는 것이 좋다. 우리는 포드 자동차가 도입한 생산 라인 체계를 통해 많은 것을 배울 수 있다. 똑같은 유형의 업무를 계속 처리하다 보면 리듬을 타게 되어 효율성이 증대된다. 이리저리 뛰어다니며 이 업무 저 업무를 하는 것보다 훨씬 좋은 방법이다. 단, 이때 균형을 잃지 않도록 조심해야 한다. 업무의 단조로움에 미쳐버릴 수도 있으니 말이다.

가라사대
캐리 쿠퍼 — 교수

'해야 할 일' 목록을 작성하는 것으로 하루를 시작해야 합니다.

저는 오늘 가장 중요한 일이 무엇인지 스스로에게 질문하고 그 일을 우선순위에 올려놓습니다. 그런 다음, 전자적 형태든 인쇄물 형태든 그날 제가 받은 모든 것을 훑어보고 그중에 목록을 수정하게 만드는 것이 있는지 판단합니다. 그런 것이 없으면, 그 일들은 제쳐두고 작성한 목록 그대로 일을 처리합니다. 한편 미리 작성해놓은 목록을 바꾸어야 할 만큼 아주 중요한 일이 있으면 그 일을 먼저 처리하지요.

실전과제: '해야 할 일' 목록을 위한 다이어리를 장만하라
'해야 할 일' 목록을 기입해둘 A4 용지 크기의 다이어리를 따로 마련하자.

이렇게 하면 여러 가지 혜택을 얻을 수 있다. 먼저 일일 업무 및 주간 업무는 물론 몇 달 후의 업무까지도 기록할 수 있기 때문에 중·장기 계획을 세우기가 아주 좋다. 이는 정기적으로 계획 수립 시간을 따로 마련해두려 할 때 더없이 유용하다.

이와 함께 하루 평균 얼마나 많은 일을 처리했는지 돌아볼 수 있기 때문에 자신이 업무 처리에 있어 얼마나 발전했는지 살펴볼 수 있다. 그리고 이내 다양한 일들에 대해 보다 정확하게 시간을 할당할 수 있게 되면서 일일 계획도 보다 효율적이 될 것이다.

마지막으로 '해야 할 일' 목록은, 업무의 일부이지만 정말 하기 싫은 일을 하도록 당신을 다그쳐줄 것이다. 완수하지 못한 업무가 있으면 다음 날 목록의 맨 앞으로 올라오기 때문이다. 이는 당신이 미루었던 일을 항상 상기시켜주어 즉시 일을 처리하도록 만든다.

그리고 현명한 사람이라면 가족들의 생일도 빠짐없이 기록해둘 것이다!

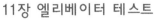

11장 엘리베이터 테스트

- 계획 수립은 목표를 성취하기 위한 첫걸음이다.

- 짧은 시간에 집중적으로 계획을 수립하는 것이 수고를 더는 방법이다.

- 시간은 한정되어 있으며 귀중한 자원이다. 따라서 시간을 할당할 때는 신중해야 한다.

- 실현 가능한 목표를 세우고, 자신에게 목표에 도달할 수 있는 기회를 주어라.

- 매일 우선순위가 정해져 있고 시간이 할당된 '해야 할 일' 목록을 작성하는 습관을 들여라.

- 가장 힘든 업무는 오전에 배정하고, 오후에는 덜 고된 일상적인 업무를 한다.

12장

성공한 사람들의 커뮤니케이션 전략

이제 다음 단계는 무엇일까? 전문가의 생각도 충분히 들어보고, 보다 나은 커뮤니케이션 이론도 소화하고, 더불어 앞으로의 계획도 수립해놓은 지금, 남은 것은 계획을 실행하는 데 도움이 될 전략들을 다시 한 번 되새기는 것뿐이다. 마지막 12장에서는 본문을 통해 얻을 수 있었던 가장 중요한 핵심 교훈 여섯 가지를 요약하기로 하겠다.

청중을 염두에 두어라

당신이 아주 중대한 정보를 전해주기를 기다리는 사람들로 가득 찬 곳에서 이야기를 하든, 커피 자판기 앞에서 후배들과 이야기를 나누든, 당신은 당신의 이야기를 들어주는 청자가 어떤 사람인가를 항상 중요하게 생각하고 그들을 똑같이 존중해야 한다.

상대방의 말을 적극적으로 듣고 그들이 가지고 있는 동기와 포부 등을 진정으로 이해할 수 있도록 노력하라. 그들이 가진 이상, 생활 방식, 직무, 배경 및 편견 등을 고려해보라. 그리고 그들이 당신을 어떻게 생각하는지에 대해 명확히 인식하라. 혹시 그들은 당신을 자신들의 삶을 지옥으로 만들 뿐인 상관으로 여기고 있지는 않은가? 아니면 당신의 견해와 경험을 존중하면서 당신이 하는 한 마디 한 마디에 열심히 귀를 기울이는가? 이때 범할 수 있는 최악의 실수는 자신은 분명 후자라고 생각하는데 실상은 전자인 것이다!

신념을 전달하라

그 누구도 항상 옳을 수는 없다. 그러나 자신의 아이디어에 신념을 가지고 있다는 것을 진정으로 납득시킬 수 있다면 상대방으로부터 커다란 존경을 받을 수 있다.

무언가가 옳다는 생각이 든다면 그렇게 말하라. 단 이때는 열정이 있어야 한다. 경험이 쌓이면 그러한 열정의 힘을 이용하는 방법을 터득할 수 있을 것이다. 자신의 주장에 논리가 일관되게 흐르게 하는 동시에 진정한 열의를 가지고 그 주장을 뒷받침하라.

이러한 신념이 아주 강력한 설득 수단이 되어, 당신은 사람들을 열정의 물결에 동참시킬 수 있을 것이다. 목표를 한 순간이라도 놓치지 말 것이며, 목표를 성취했을 때는 모든 사람들이 알 수 있도록 한다. 사람들이 신념이 가져다주는 혜택을 직접 경험할 수 있도록 말이다.

이것 한 가지는 분명하다. 자신이 현재 하고 있는 일에 열정을 느끼지 못하는 것은 분명 문제가 된다. 당장 해야 하는 일에 당신이 열정을 보이지 않는다고 생각하게 되면, 그 누구도 당신을 따르려 하지 않을 것이다. 자신이 지지하지 않는 아이디어에 계속 열정을 보이기란 불가능하다.

입 다물고 들어라

사실을 파악하기 전까지는 서둘러 자신의 의견을 밀어붙이는 일이 없어야 한다. 물론 누구나 이성을 잃는 때가 있기 마련이다. 하지만 그 화로 인해 피해를 입는 건 결국 우리 자신 아니던가. 결국 자신의 잘못으로 어그러진 일을 다른 사람의 탓으로 돌리는 것만큼 추한 모습도 없다. 이는 커뮤니케이션의 경우에도 마찬가지이다.

먼저 상대방의 말을 경청하고 나면 수용 가능한 아이디어를 구상하기가 훨씬 쉬워진다. 주의를 기울이고 있는 '척'만 해서도 곤란하다. 그 대신 상대방이 하는 말과 그 의미를 진정으로 듣기 위해 노력해야 한다.

언제나 상황을 의식하라

주위에서 전개되는 상황에 무턱대고 휘말려서는 곤란하다. 이를 막으려면 계획 수립을 했어야 하지만, 그러한 계획 수립은 '일회성'으로 그치기 십상이다. 현재 우리의 위치를 지속적으로 평가하는 데 있어 장애가 되는 것이 바로 이러한 태도이다.

다이어리에 시간을 적어두어 계획 수립 시간을 보다 많이 확보한다면 이 장애를 극복하는 데 도움이 될 것이다. 이와 함께 매일 퇴근하기 전 5분 동안 커뮤니케이션과 관련해 어떤 성과를 이루었는지 돌이켜 생각해보는 노력도 필요하다.

처음부터 자신의 목적을 분명히 밝혔는가? 사람들이 당신의 메시지를 이해했는가? 커뮤니케이션을 통해 전달된 메시지를 얼마나 잘 관리하였는가, 즉 당신은 얼마나 효율적이었는가?

이보다 훨씬 더 상세하게 점검을 하고 싶다면 가끔 커뮤니케이션과 관련된 사항을 불시에 확인해본다. '전화 통화할 때의 방식은 어땠는가?', '이메일 회신은 냉정하지 않으면서도 효과적이고 경제적이었는가?', '회의에서는 핵심 주장을 제대로 전달했는가?' 등의 질문을 던지는 것이다.

이 모든 것을 의식하고 있을 때 정말 좋은 점은 우리에게 선택을 할 자유와 힘이 생긴다는 것이다. 자신의 시간을 최선으로 사용할 방법을 스스로 결정하고, 그럼으로써 다른 사람들의 형편없는 커뮤니케이션에 속수무책으로 휘말리지 않게 되는 것이다.

이와 정반대의 경우는 상황에 떠밀려 다니는 것이다. 이때에는 다른 사람들의 결정에 따라가게 되기 때문에 그들이 우리의 받은 편지함을 포화 상태로 만들고, 업무를 할당해주며, 그들의 방식을 강요한다. 그 결과 우리는 에너지만 소모하고 성과는 그다지 내지 못하게 된다. 상황을 항상 의식하고 있어야 한다는 것을, 그것도 적극적으로 의식하고 있어야 한다는 것을 명심하기 바란다.

문화에 민감하라

이를 위해서는 청자를 한 단계 깊이 이해하는 일이 필요하다. 단지 주위의 개인들에게 반응하는 것이 아니라 보다 넓은 범위에 속한 사람들에게 반응한다는 의미다. 이는 회사 및 국가 차원 모두에서 생각해보는 것이 중요하다. 기업을 옮겼을 경우에는 차이점을 재빨리 파악하려고 노력해야 한다. 외국으로 이주를 했을 경우에는 그곳의 관습과 관행을 이해하는 것이 더더욱 중요하다.

듣기 기술을 활용하고 질문을 많이 하라. 모르고 실수를 하는 것은 용서받을 수 있겠지만, 문화적 오만함의 경우는 이야기가 다르다. 단지 전에 있던 곳에서는 그랬다는 이유로 자신의 방식이 '옳다'는 식으로 행동해서는 곤란하다.

스토리텔링의 중요성을 인식하라

이야기는 어린 시절부터 우리 인생에서 중요한 부분을 담당한다. 어릴 때 우리가 들었던 이야기들은 단순히 재미만을 준 게 아니다. 우리가 속해 있는 사회를 규정하는 중요한 메시지를 전달한다. 그 이야기 속에서 우리는 선이 악을 물리치고 승리하는 것을, 무엇이 옳고 그른지를 처음으로 경험하게 된다.

스토리텔링에서 가장 중요한 부분은 몇 년이 지난 후에도 이야기의 교훈을 다시 이야기할 수 있을 정도로 메시지를 우리의 머릿속에 깊이 각인시킨다는 점이다.

직장생활에서도 훌륭한 이야기는 이와 동일한 효과를 내며 몇 가지 부수적인 혜택도 있다. 훌륭한 이야기를 하게 되면 사람들은 우리들을 스토리텔러가 아닌 이야기 속 인물로 바라보게 된다. 이야기 속 인물들은 존경의 대상이 되거나 혹은 동정의 대상이 된다. 이는 곧 우리가 마음만 먹으면 스스로를 이야기 속의 불쌍한 '희생양'으로 만들어 사람들의 관심을 받을 수 있다는 의미다. 노련한 커뮤니케이터들이 자신의 취약점을 드러내고 청중과 공감대를 형성하기 위해 사용하는 것도 바로 이 방법이다.

　이미 알고 있는 이야기에 대해 곰곰이 생각해보는 시간을 가지고, 평소에 더 많은 이야기를 수집하기 위해 의식적으로 노력하라. 그리고 (친구들과 가볍게 만나거나 동료 한두 명과 커피를 마시는 자리 등) 안전한 환경에서 스토리텔링을 실습해본다. 그 후에 중요 프레젠테이션의 핵심적인 순간에 그 이야기를 이용해보도록 한다.

　이상이 우리가 중요하다고 생각하는 전략 여섯 가지이다. 이 전략들은 이 책의 집필에 도움을 준 모든 조언자들의 경험을 바탕으로 하고 있으며, 당신의 커뮤니케이션을 보다 설득력 있고 쉽고 명확하며 청자로부터 충분한 존중을 받을 수 있는 것으로 만드는 데 큰 도움이 될 것이다. 무엇보다도 이 전략들을 사용하면 상대방이 당신의 커뮤니케이션에 응하도록 할 수 있는데, 이것이야말로 성공적인 직장 생활의 핵심이라 할 수 있다.

　마지막으로 '당신 자신이 되라.' 는 조언을 하고 싶다. 우리는 이 책의 앞부분에 당신 자신의 모습에 대해 파악할 수 있는 기회를 마련해두었다. 그 기회를 통해 얻은 지식 및 당신이 타고난 개성을 활용하여 보다 성공적인 커뮤니케이션을 즐기기 바란다.